井上保美さんの
365日
着こなし見本帖

「45R」デザイナーのスケッチブックから

YASUMI INOUE

Prologue

見て、想像して、試して、日々のおしゃれがより楽しく

ブランドを立ち上げてから40年以上、ずっとデザイン画を描き、服づくりを続けています。ものづくりの現場に足を運んで職人魂を学び、映画や写真集を見たり、街にいる素敵な人や周囲の先輩たちを観察したりしながら、おしゃれの種を拾い上げ、蓄積し、自分の中で昇華してアウトプットする作業を繰り返してきました。おしゃれに必要なのはイメージトレーニングです。

長年描きためたスケッチブックを見返してみると、幾度となく同じようなコーディネートで洋服を描いていることに気がつきました。基本的に好きなものは変わらないようです。今回は、そんな私の定番ともいえる着こなしを１年分の見本帖としてご紹介します。今日は何を着てみよう……そう考えるだけで、毎日がちょっと楽しくなってきませんか？

E N T S

CONT

私の365日をつくるもの①

Wardrobe

Tシャツ＆デニムは永遠のスタンダード

「毎日を支える基本の服」

コーディネートに迷わないという井上さん。理由は、選び抜かれたワードローブにあるようです。最低限〝これだけ〟あれば、のアイテムを教えていただきました。

Tシャツ

少し鎖骨がのぞくぐらいの襟あきで、フィット感がほどよいものなら、ラフになりすぎずエレガントな印象。基本はコットンですが、リネンやシルクでニュアンスを変えても。

デニム

基本となるのはストレートシルエット。細めのものは、合わせるトップスを選びません。太めならワイドパンツのような雰囲気に。インディゴのほかホワイトデニムもおすすめ。

土台となるアイテムは実は少しでいいんです

ファッションデザイナーを生業としていますが、本来の私は、スタンダードでメンズライクな服が好きで、それほど服をとっかえひっかえするタイプではありません。紺、茶、白、グレー……といった地味な色が好きで、何十年も着続けている服もあります。周

一年を通して使える服

薄手タートル

ガーゼのように薄いコットンのタートルニット。春はさらりと一枚で、秋はシャツのインに着たり、ストールを巻いたり。冬はジャケットやざっくりニットとの重ね着にも。

シャツ

きれいめにもカジュアルにも着られるのは、しなやかでハリのある風合いで、裾を出してもボトムにインしても決まる丈感。前開きが苦手な方は、プルオーバー型を選んでも。

白ジョッパーズ

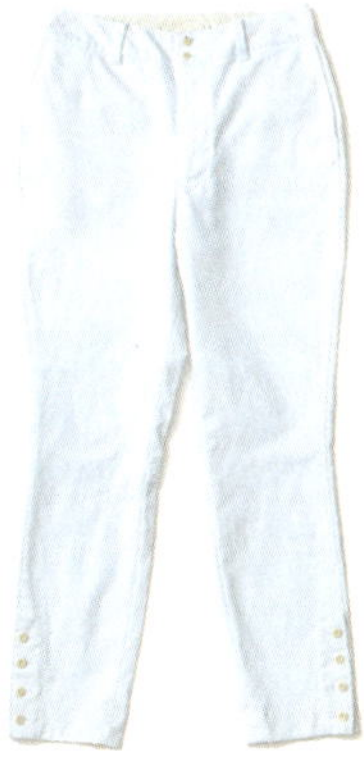

太ももまわりにゆとりがあり、足首に向かって細くなるジョッパーズパンツ。美脚効果はもちろん、白なら春夏はさわやかに、秋冬は着こなしに抜け感をプラスしてくれます。

チノパン

春夏のイメージが強いけれど、ベージュの色合いが秋冬にもなじみます。ヒップを立体的に包み込む形を選んで。私は自分でアイロンをかけてセンタープレスを入れています。

りから、「ボロボロだから、いいかげんにやめなさいよ」といわれて、最近の引っ越しでようやく手放したものも(笑)。なので、みなさんにも無理にすすめることはしたくありません。たとえばTシャツとデニムがあれば、そこにパールネックレスなどの小物を添えるだけで印象が変えられたり、はおりものを加えることで、季節を乗り切れたり。しっかりと作られたものを、じっくり選べば、結果的に長く着られて無駄がない。着心地も含めて毎日ストレスなく、おしゃれを楽しむことができます。

自分にしっくりくるアイテムを見つけたら、次は同じ形で素材や色を変えて……といった探し方ができて、迷いがなくなるのもいいところ。まずは年中使えるスタンダードなトップス3枚と、ボトム3枚から始めてみてください。

SPRING & SUMMER

春夏にプラスするなら…

まだ肌寒さを感じる春先には、シャツやTシャツの上から薄手のはおりものを。
ボトムは薄手のコットンパンツやスウェットパンツで軽快に。

OUTER

Gジャン

肌寒いときのはおりものとしてはもちろん、カジュアルなアクセントとしても活躍。きれいめに着るなら濃いめのインディゴ、こなれ感を演出するなら古着風の色落ちタイプを。

スプリングコート

カーディガン感覚でさらりとはおれる薄手のものが一枚あると便利。ほどよく裾の広がるテントラインなら、ベルトをキュッと締めてコートドレスのような雰囲気も楽しめます。

TOPS

ノースリーブトップス

真夏には潔く腕を出すと、涼しいうえにおしゃれに見えます。お尻が隠れる丈なら、ジョッパーズともワイドパンツとも相性よし。同様にノースリーブワンピースも活用度大。

BOTTOMS

スウェットパンツ

スポーティな抜け感をもたらしてくれるスウェットパンツ。サイドにラインが入っていると、細見え効果があります。とにかくラクなので、お散歩や旅行にもおすすめです。

薄手のワイドパンツ

はいて涼しく、見た目にもさわやかなコットン素材のワイドパンツ。私は白のほかに黒も持っています。チノパン同様、アイロンでセンタープレスを入れると、きちんと感が。

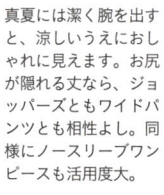

AUTUMN & WINTER

秋冬にプラスするなら…

上品なアウターとウールのパンツがあれば、どこに行っても困ることはありません。
基本を押さえたら、あとはお好みでダウンやポンチョなどを加えて。

OUTER

きれいめ コート

肩の凝らない一枚仕立てのコート。ミドル丈のストンとした形が、合わせるボトムを選ばず便利です。ベルトを結んでも開けてもサマになるので、あらたまった席から普段まで。

ウールジャケット

カーディガン感覚で着られる、しなやかなウール素材。ボディラインにほどよくフィットする一枚なら、デニムに合わせても女性らしい雰囲気に。まずは王道のネイビーを。

TOPS

ざっくりニット

Tシャツやタートルニットの上に着るだけで、冬でも暖かに過ごせるローゲージニット。時にはベルトでウエストマークして量感を調整してみると、着こなしの幅が広がります。

BOTTOMS

ツイード パンツ

マニッシュなツイードのセンタープレスパンツがあると、着こなしにキリリと知的な表情と品が加わります。合わせるトップス次第で、カジュアルダウンも可能です。

ウール スウェット パンツ

春夏にも登場するスウェットパンツを、秋冬はニット素材で。風合いのある上質なものなら、近所へのお出かけにもOK。ほどよくリラックス感のあるスタイルに欠かせません。

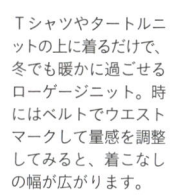

イベントが目白押し！
気分を盛り上げておめかしを

新しい年を目前に、慌ただしく気ぜわしくはあるけれど、
気持ちはクリスマスや忘年会など、お楽しみにフォーカス。
いつもの着こなしに小物でおめかし感をプラスして。

12

OUTFIT IDEAS FOR

December

12/1 SUN

ざっくりニットにはボリュームアクセサリー

ニットとデニムのシンプルなコーディネートに、シルバーの大ぶりチョーカーでクールな華やぎをプラス。エレガントなフォルムや素材のバッグと靴で品を重ねます。

ニット／クリムゾン
デニム／45R
チョーカー／ジョージ ジェンセン
バッグ／デルヴォー
靴／チャーチ

12/2 MON

フリルのブラウスもデニムなら甘すぎない

冬の白はそれだけでおしゃれです。前身頃にカットフラワーをビーズで縫いつけたカディコットンのブラウスは、デニムで甘さを中和して、大人のフェミニンスタイルに。

ブラウス／45R
デニム／45R
帽子／45R
靴／チャーチ

Note 遊び心のあるブローチをアクセントに。12/1のテリアのブローチはパリの蚤の市で購入。

12/3 TUE

かぎ針ポンチョでノスタルジックに

クラフト感あふれるかぎ針編みのオーナメントをつなぎ合わせたカラフルポンチョは、どこか懐かしい佇まいです。ワイドデニムとムートンブーツでほっこりムードに。

ポンチョ／45R
タートルニット／45R
デニム／45R
バッグ／シャネル
ブーツ／シャネル

12/4 WED

アンティーク調レースはチラ見せで

ジャケットの袖と裾からのぞかせたレースの透け感がポイントです。ボトムとの間に抜けができ、軽やかでソフトな印象に。レースの力は強いので、ほんの少しと心得て。

ジャケット／45R
ブラウス／45R
デニム／45R
靴／チャーチ

Note 4つすべて同じデニムですが、光沢感があるのでエレガントに着こなせます。

ネイビーのジャケットにチノパンというトラッドな装いも、パールとストールでレセプション仕様に早変わり。ストールは、カニ織という手の込んだ技法でハンドメイドされたインドのパシュミナ。職人の手仕事に惹かれます。

ジャケット／45R
パンツ／45R
イヤリング／高島屋で購入
ネックレス／ミキモト
ストール／パリで購入
時計／オメガ

12/5 THU

きれいな色柄のストールで華やかさを

左は十数年前にパリで購入したインド製。中央と右は「45R」で、コットンシルクのジャムダニ織。

洋服は白、紺、茶、グレーといった落ち着いたベーシックカラーで、形もシンプルでスタンダードなものばかり。だからこそ、着こなしのスパイスとしてストールは欠かせないアイテムです。今の気分を手軽に取り入れられることもあり、新作が出るとつい手が伸びてしまうので、数は増えるいっぽう。なかでも顔まわりを明るくしてくれるきれいな色柄の大判ストールは、ジュエリーがわりとしてパーティや旅先で重宝します。上質な素材のものを選べば、複雑な巻き方をしなくても、さらりと肩からはおるだけで、カジュアルなパンツやジャケットスタイルも驚くほど華やかな雰囲気になります。

Note ジャムダニ織は、インドのベンガル地方の伝統的織物で、刺しゅうをするように織り柄を出すのが特徴。

12/6 FRI

赤のコーディネートで週末気分を盛り上げて

サイドにベロアのラインが入ったツイードのセンタープレスパンツは、タキシードを思わせるメンズライクなデザイン。それだけでよそゆき感は十分ですが、赤のストールとオペラシューズでさらに気分を上げて、金曜日を乗り切ります。

ニット／45R
パンツ／45R
ストール／45R
靴／スタブス＆ウートン

Note タキシードパンツのサイドに入ったシルクのラインは軍服が起源。側章と呼ばれています。

12/7 SAT

ボリュームスカートでロマンティックに

幻想的なプリントのスカートに、裏がボアのデニムジャケットでかわいらしく。クロコのベルトでウエストをマークしてメリハリをつけ、足元はロングブーツですっきり。

ジャケット／45R
タートルニット／45R　スカート／45R
チョーカー／ジョージ ジェンセン
ベルト／ヴィンテージ
ブーツ／タニノ・クリスチー

12/8 SUN

おじさん風ワントーンコーディネートで

素材もアイテムもメンズライクですが、ツイードのパンツのやわらかな生地感に、そこはかとなく品が漂います。光沢のあるシルクのスカーフをアクセントに。

ニットベスト／45R　パンツ／45R
帽子／ジェームスロック
スカーフ／45R
ベルト／ヴィンテージ
靴／シルヴァーノ・ラッタンツィ

12/ MON
9

個性的な刺し子のコートは
ワントーンでコーディネート

12/ TUE
10

ツイードのワンピースは
ウエストマークでシックに

12/ FRI
13

ニットジャケットは
スリムボトムですっきりと

12/ SAT
14

全身赤のコーディネートは
足元のベージュで中和して

12/11 WED

シャキッとした白シャツに
赤のネクタイで颯爽と

12/12 THU

クラシカルなコートには
スカーフを〝真知子巻き〟

12/15 SUN

ファーのストールも
デニムなら決まりすぎない

12/9 MON, キルティングのコートも、光沢のあるシルクのベストタイプなら軽やかに着こなせます。白のグラデーションできれいめにまとめて、小物は少し濃いめのベージュでメリハリを。12/10 TUE, 何げないシンプルなコットンツイードのワンピースも、ベルトをするだけでおしゃれに見えます。それがベルトマジック。12/11 WED, 何を着ようか迷ったときは、とりあえずシャツ。タキシードシャツなら間違いありません。赤のネクタイとオペラシューズで気分はもうクリスマス。12/12 THU, 多色使いのツイードコートは、どんな色のボトムも受け止めてくれる懐の深いアイテム。ノーカラーなので、ワイドパンツを合わせてもすっきり。12/13 FRI, カジュアルなイメージのニットジャケットも、ヘリンボーン柄ならきちんと感があります。インナーを黒でまとめれば、シックで洗練された印象に。ブーツは「エーグル」。12/14 SAT, クリスマスといえばやっぱり赤。還暦のお祝いに赤のコートをプレゼントされてから、全身赤に抵抗がなくなりました。ブーツはチェックの一色とリンクさせて。12/15 SUN, シルクのプリントブラウスに、ツイードジャケット、ファーストールを重ねて。華尽くしのトップスだからこそ、ボトムはダメージデニムでカジュアルダウン。そのほうが決まりすぎなくて格好いい。

Note “真知子巻き”の由来は1953年（昭和28年）に大ヒットした映画『君の名は』のヒロインの名前です。

12/16 MON

Note インに着たカシュクールブラウスは、その名も“ハッピィ”。法被をモチーフにデザインしました。

茶とブルーはいちばん好きな色合わせ。それだけでご機嫌です

ラップジャケットも、インナーのカシュクールも、フラワーモチーフで少しだけ愛らしく。ショート丈ですが、やや裾広がりなので、ボトムは細めのストレートデニムですっきりと。ネックレスも白檀にして、全身茶とブルーでまとめます。

ジャケット／45R
ブラウス／45R
デニム／45R
ネックレス／45R
バッグ／アンリークイール
ブーツ／シルヴァーノ・ラッタンツィ

12/17 TUE

ふんわりワンピースはロングブーツでキリリと

フラワー刺しゅうがインパクトあるツイードデニムのワンピース。ボートネックから鎖骨がのぞき、首をきれいに見せてくれるので、あえてのノーアクセサリーで。

ワンピース／45R
ブーツ／タニノ・クリスチー

12/18 WED

ピンクのポンチョベストをストール感覚で

ざっくりとしたツイードベストは、カジュアルにもエレガントにも合わせやすい使い勝手のいいアイテム。ワイドパンツとベルベットのローファーならパーティにも◎。

ベスト／45R
タートルニット／45R
パンツ／45R
靴／グッチ

Note　ツイードベストは裾がフレアになったポンチョ風のデザインなので、さらりとはおれて便利です。

12/19 THU

水玉のスカーフをさりげなく効かせて

メンズスーツのようなピンストライプのセットアップ。カッチリ見えすぎないよう、あえてワンショルダーのバッグでカジュアルダウンするくらいがちょうどいい。

ブラウス／45R
パンツ／45R
スカーフ／ニューヨークで購入
バッグ／エルメス
靴／45R×スタブス＆ウートン

12/20 FRI

ストライプのパッチワークがスレンダーな印象に

インディゴベースの4種類の生地を縦にパッチワークした個性的なワンピース。ボタニカルプリントがアクセント。ロシア帽とムートンブーツでぬくぬく。

ワンピース／45R
デニム／45R
帽子／ジェームスロック
ブーツ／シャネル

Note 12/20のワンピースは、残った縦長の生地をパッチワークしたリサイクルワンピースです。

12/21 SAT

フレアジャケットには
しなやかなワイドパンツを

裾広がりのカシュクールブラウスに、裾と袖がフレアになった優雅なシルエットのツイードジャケットを重ねました。襟からのぞく繊細なカットワークがアクセント。フレアトップスにゆったりボトムは意外にバランスよくまとまります。

ジャケット／45R
ブラウス／45R
デニム／45R
靴／チャーチ

Note ジャケットの後ろ身頃はニットです。デニムは12/1〜12/4（P.012〜013）と同じもの。

12/22 SUN

聖歌隊モチーフの帯で ひと足早いクリスマスパーティへ

聖歌隊と讃美歌の楽譜のような柄が染められた帯は、クリスマスシーズンに締めたくなります。大好きな「伊兵衛織」の細かい格子の紬に合わせました。チェーンバッグなどを合わせれば、周りが洋服ばかりでもわる目立ちしません。

着物／伊兵衛織
帯／小島悳次郎の型染め
帯揚げ／三浦清商店
帯締め／道明
ストール／エルメス
バッグ／シャネル
草履／祇園ない藤

12/23 MON

ほんのりつやのある黒ワンピースも
コーデュロイならほどよくシック

12/24 TUE

ビタミンカラーのファーベストで
パーティの主役に

12/27 FRI

ツイードのノーカラージャケットは
襟・袖・裾のフリンジが華やか

12/28 SAT

たっぷりフリルのワンピースは
トップスをコンパクトに

12/25 WED

チェック×チェックも
赤をリンクさせればうまくいく

12/26 THU

フェミニンなワンピースに
ハードな太めのベルトを

12/23 MON, やや肉厚のコーデュロイ生地なら、ブラックドレスでもフォーマルすぎません。「スタブス＆ウートン」のオペラシューズで遊び心をプラスして。12/24 TUE, ファーを大胆にあしらったベストが、ウォッシュ入りデニムをパーティ仕様に格上げしてくれます。ブーツはもこもこつながりで「シャネル」のムートン。12/25 WED, クリスマスだからこそ、思い切って柄×柄にチャレンジ。 量感のあるツイードのトップスとワイドパンツも、ベルトを締めるとメリハリが出て、重たくなりません。小物も赤で統一して。12/26 THU, フェミニンなワンピースの甘さを、ハードなヴィンテージの太ベルトで引き締めます。12/27 FRI, ブランケットのような生地感が魅力のツイードジャケット。微妙な色のニュアンスとフリンジを際立たせたいので、インナーはシンプルに黒で。12/28 SAT, フリルワンピースにメンズライクなブルゾンを合わせると、かえって女性らしさが際立ちます。ブーツもあえてレインブーツで。12/29 SUN, シルクのグログランテープをあしらったカーディガンが知的な印象。ボトムがデニムでも､白ならエレガント。「シャネル」のバッグと靴､「ジェームスロック」の帽子で品よくまとめます。

12/29 SUN

クルーネックのカーディガンは
ちょっとあらたまった集まりに

12/30 MON

ツイード同士のコーディネートには光沢のあるスカーフでつや感を

シェットランドツイードのニットジャケットにツイードのセンタープレスパンツ。王道のメンズライクな着こなしには、硬質なアクセサリーではなく、シルクのスカーフで全体のトーンをやわらげます。茶となじむ黄色を差し色にして。

ジャケット／45R
パンツ／45R
スカーフ／エルメス
靴／45R×スタブス&ウートン

Note 12/6(P.016)と同じパンツのコーディネートです。

12/31 TUE

ファーのストールも白デニムならほどよくエレガント

前日と同じジャケットも、Tシャツと白デニムなら上品でスタイリッシュな印象に。ファーのストールやパールも、デニムなので決まりすぎず、マダムっぽくなりません。デニムの裾をロールアップして抜け感を出すのもポイント。

ジャケット／45R　Tシャツ／45R
デニム／45R
ネックレス／ミキモト
ファーストール／ロロ・ピアーナ
グローブ／デンツ
バッグ／デルヴォー
靴／グラヴァティ

Note　めずらしく3cmヒールです。「グラヴァティ」は1909年創業のイタリアの老舗靴ブランド。

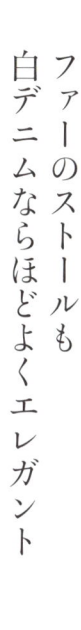

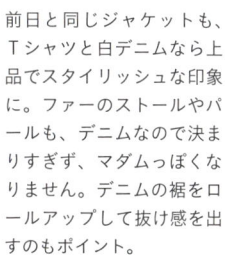

冬も本番！
コートが主役のおしゃれ

ワードローブの中でも大物のコートは、冬のコーディネートの主役。
着心地がよく、カジュアルにもエレガントにも着こなせる
働きもののコートがあれば、寒さも怖くありません。

OUTFIT IDEAS FOR

January

1/1 WED

スタンダードな着こなしにバッグで品をプラス

最近ワードローブに加わった「デルヴォー」の“ブリヨン”と、長年愛用の「シャネル」の“マトラッセ”。

友人でもあるパリのカシミヤ専門店「クリムゾン」の店主、リンダの着こなしが大好きで、いつもお手本にしています。彼女が白シャツとデニムに「シャネル」のバッグを斜めがけしている姿がとても素敵で、なるほどと思いました。それまで「シャネル」のバッグは「シャネル」のスーツに合わせるもので、私には女っぽすぎて似合わないと思っていたのです。でも、それもコーディネート次第。「シャネル」のバッグはエレガントですが、とてもスタンダードなものです。だからこそ、メンズライクな着こなしにもしっくりなじみ、むしろほどよく品と甘さが加わって、私好みのスタイルになるのです。

Note 「デルヴォー」は1829年にベルギーのブリュッセルで創業した世界最古の革小物ブランドです。

友人との新年会でホテルのレストランへ。裏地がボアのシェットランドニットのコートは、チンストラップを閉じてハイネックにすると洗練された印象に。コートもブーツもダークブラウンなので、ベージュのバッグを差し色に。

コート／45R
バッグ／シャネル
ブーツ／エルメス

1/2 THU

クラシカルなきれいめコートで初詣へ

光沢があるパイルカットメルトンのコートは、シンプルですっきりとしたデザイン。センタープレスパンツとベルベットのローファーで男前にドレスアップ。

コート／45R
パンツ／45R
靴／グッチ

1/3 FRI

ローブのようにはおってカジュアルに

茶とネイビーの色合わせは普段着の定番。ボタンのないラップコートなので、前を開けたままでもサマになります。太めのデニムにジャケットをインしてボーイッシュに。

コート／45R
ジャケット／45R
デニム／45R
ベルト／ヴィンテージ
ブーツ／シルヴァーノ・ラッタンツィ

Note ボタンのないラップコートは、ベルトを結べばきれいめに、ラフにはおればリラックス感を演出できます。

1/4 SAT

キルティングコートはベルトでメリハリを

ナイロンのキルティングコートをウエストマークする着こなしは、ロンドンで見かけた外国人がお手本。ベルトはパイピングの茶と色を揃えて。友人夫婦と軽井沢へ。

コート／45R　タートルニット／45R
ジョッパーズ／45R
スカーフ／45R
ベルト／ヴィンテージ
靴／グラヴァティ

1/5 SUN

マルチカラーのスカーフでモダンに

ミリタリーのイメージが強いカーキはハードになりがちですが、Aラインならソフトな印象に。現代アートのようなスカーフをアクセントにギャラリーへ。

コート／45R
タートルニット／45R
ジョッパーズ／45R
スカーフ／45R
ブーツ／エルメス

1/6 MON

パリのマダムが朝、カフェで
コーヒーを飲んでいるイメージで

1/7 TUE

シックなロングコートは
ワインドパンツでクラシカルに

1/10 FRI

ヘリンボーンのラップコートに
白デニムでスポーティに

1/11 SAT

ざっくり編みのニットポンチョは
黒のインナーでシックに

Note　1/10に腕に抱えているぬいぐるみは、ゴルフクラブのヘッドカバーです。

1/8 WED

オールデニムのカジュアルな装いも
白のコートならきれいめ

1/9 THU

白のコーディネートがさらに華やぐ
4色使いの大判ストール

1/6 MON, カシミヤニットとスウェットパンツに、毛布のようなホームスパンツイードのコートをはおって。パリに住んでいたら、こんなスタイルで朝、カフェでコーヒーを飲みたいと妄想しています。1/7 TUE, グレンチェックのロングコートは、ベルトでメリハリをつけ、一段明るい色のワイドパンツで軽やかに。革靴ではなく、あえてデニム素材のオペラシューズではずします。1/8 WED, 上下ともデニムでまとめるとカジュアルなイメージですが、白のコートをまとうだけで品よくまとまります。スカーフと「シャネル」のバッグでエレガンスもひとさじ加えて。1/9 THU, 赤、グレー、ブルー、ベージュの4色ストールを主役にするなら、ベースはオール白で。靴をストールの赤とリンクさせて。足元が赤いと気分が上がります。1/10 FRI, クラシックな印象のヘリンボーンですが、ラップコートなら軽やか。グリーンの水玉マフラーがアクセント。1/11 SAT, ざっくりニット感覚で着られるポンチョはボリューム感があるので、インナーは黒、ボトムはジョッパーズですっきりまとめます。1/12 SUN, カジュアルなデザインのアイテムこそ、風合いにこだわり、小物も上質なものを。帽子は「ジェームスロック」、カシミヤのストールは「クリムゾン」、ブーツは「シャネル」。

1/12 SUN

日曜日はボリュームニットと
ウールのスウェットパンツでリラックス

Note 足元を軽やかにしてくれるクラシックな白スニーカーは「コム デ ギャルソン」。通年重宝しています。

1/13 MON

オフタートルネックのセーターに、1/6（P.036）、1/12（P.037）と同じウールのスウェットパンツを。ベージュのワントーンコーディネートにして自宅でリラックス。同じマンションに住む友人宅に行くときは、ツイードのストールをはおり、足元はオペラシューズで。

ストール／45R
ニット／45R
スウェットパンツ／45R
靴／チャーチ

Note　岩手の手紡ぎ手織りのホームスパンのストールは、とてもやわらかくて暖かい。

ベーシックな色柄のストールも
カラフルなフリンジがポップな雰囲気

Note カシミヤのような風合いのスウェットパンツは、メリノウールです。

1/ TUE 14

迫力のあるビジューコートをカジュアルに

金モールとビーズの手刺しゅうをほどこした真っ白なウールのコートはインパクト大。黒のインナーとデニムのジョッパーズ、ムートンのブーツならぐっと親近感。

コート／45R
タートルニット／45R
ジョッパーズ／45R
ブーツ／シャネル

1/ WED 15

上品ケープで友人主宰のチャリティコンサートへ

フォーマル感のあるファーつきのケープコートとロンググローブがマダム風ですが、あえて白ジョッパーズとロングブーツではずしてさりげなく。

コート／ロロ・ピアーナ
ジョッパーズ／45R
グローブ／アニオナ
バッグ／デルヴォー
ブーツ／エルメス

Point　1/14のコートは、『大人になったら、着たい服 '14-'15秋冬』でも着用した、13年ほど前に「45R」で作ったもの。

1/16 THU

ワントーンをブーツの黒で引き締めて

たとえばスタジオで撮影の日は、動きやすいウールのスウェットパンツで。定番のピーコートも、ベージュ系の白だと新鮮。裏毛の茶色いラインがアクセントに。

コート／45R
ニット／クリムゾン
スウェットパンツ／45R
スカーフ／45R　バッグ／45R
ブーツ／シャネル

1/17 FRI

トリコロールのスカーフでちょっと小粋に

今日は一日デスクワーク。パリの女学生気分でネイビーのワントーンコーディネートに。前日と同じコートですが、インナーをダークカラーでまとめると知的に見えます。

コート／45R
タートルニット／45R
パンツ／45R
スカーフ／45R
スニーカー／コム デ ギャルソン

Note　スウェットパンツは1/6(P.036)、1/12(P.037)、1/13(P.038)と、紺のパンツは12/18(P.022)と同じです。

茶室に生ける和花を買いに、行きつけのお花屋さんへ。草花をモチーフにした「鬼更紗」の赤い帯を主役にしたくて、大好きな「伊兵衛織」の格子の紬を合わせました。ざっくりした風合いのプリミティブなもの同士はよくなじみます。

着物／伊兵衛織
帯／鬼更紗
帯揚げ／三浦清商店
帯締め／道明
バッグ／アンリークイール
草履／祇園ない藤

Note　着物の下に着ている長襦袢は厄除けの鱗柄。見えないところにもこだわります。

1/ SAT 18

着物も洋服と同じ感覚で着ています

千鳥格子のストールと着物、ジャカードの靴と更紗の帯の色柄が似ています。

もともと呉服屋で生まれ育ったものですから、着物はなじみ深いもの。着物を自分らしく、洋服と同じ気持ちで、日常で着たいとずっと思っていました。着物に凝り始めたのは、40代半ばを過ぎてから。私好みの着物は普段の洋服に通じるところがあり、どちらかといえば地味。シルクだけれど地が厚い紬で、柄も千鳥格子や細い縞だったり、藍染めの絣だったり。それはまさにグレンチェックのツイードやデニムのように洋服的なもの。ですからアウターも、道行や羽織のような和装コートではなく、いつもどおりカシミヤのストールで。そう考えると、着物は決して遠いものではないという気がしませんか？

Note 更紗の柄が好きです。この帯は、私の着物の先生でもある文筆家の清野恵里子さんからいただいたもの。

1/ SUN 19

軽やかなテントラインのコートで買い物へ

ベージュのAラインコートは最強のエレガンス。アソートクッキーを思わせるベージュと白の組み合わせは、ほのかな甘さが漂います。小物は一段濃度を上げて。

コート／45R　ニット／クリムゾン
ジョッパーズ／45R
帽子／ジェームスロック
ネックレス／ミキモト　バッグ／アンリークイール
ブーツ／シルヴァーノ・ラッタンツィ

1/ MON 20

ムートンのラップコートをさらりとはおって

リバーシブルのムートンコート。グレーならカジュアルになりすぎず、クールにシックに着こなせます。白とグレーでまとめて颯爽と近所のグルメスーパーへ。

コート／ロロ・ピアーナ
Tシャツ／45R
ジョッパーズ／45R
ネックレス／ヴィンテージ
スニーカー／コム デ ギャルソン

Note　グレーのムートンコートは3年前にパリで購入。なかなかないアイスグレーが気に入っています。

1/21 TUE

寒さが少しゆるんだ日は、ブルゾンで軽快に

革ジャンほど重くなくハードになりすぎない馬革ダウン。ショート丈でどんなボトムとも相性がよく、軽やかに着こなせます。ヴィンテージ感のあるデニムとシャツに。

ブルゾン／45R
シャツ／45R
デニム／45R
スカーフ／エルメス
靴／チャーチ

1/22 WED

ニットの襟をつけてフェミニンに

前日と同じブルゾンも、取りはずし可能なニット襟をつけると顔まわりがやわらかくなります。パールとスカーフで品のあるブルゾンスタイルの完成です。

ブルゾン／45R　ニット／クリムゾン
デニム／45R
ネックレス／ミキモト
スカーフ／45R
スニーカー／コム デ ギャルソン

1/23 THU

今日は私の誕生日。
スタッフからお祝いの花束を

なめらかなパイルカットメルトンのラップコートでレストランへ。お祝いの日とはいえ、華やかになりすぎないよう、バッグはワンショルダー、ブーツもペタンコで。おいしい食事とお酒のあとに花束をいただいて、あ〜幸せ！

コート／45R
ジョッパーズ／45R
イヤリング／ジョージ ジェンセン
バッグ／エルメス
ブーツ／タニノ・クリスチー

Note 1/2・1/3(P.034)と同じコートです。

1/ FRI 24

白のボアコートはすっきりボトムで

スポーティな印象のフードつきボアコートは、カジュアル感を生かしてスニーカーを合わせつつ、センタープレスのツイードパンツできちんと感も忘れずに。

コート／45R
ニット／クリムゾン
パンツ／45R
スニーカー／コム デ ギャルソン

1/ SAT 25

会社の野球部の試合を観戦しに河川敷へ

フードつきで袖口がリブになっているので、アウトドアやスポーツ観戦にはうってつけ。さらにはメリノウールのストールがあれば寒さ知らず。思い切り声援を送れます。

コート／45R
ニット／45R
パンツ／45R
ストール／45R
靴／パタゴニア

Note 撮影で足場の悪いところに行くことも多いので、アウトドアシューズはマストアイテム。

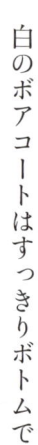

1/ SUN 26

ビッグサイズの〝熊さんコート〟はセンタープレスパンツできれいめに

肩のラインを落とし気味にしたドロップショルダーのボアコートは、大きめのシルエットなのでリラックス感たっぷり。休日にぴったりのアイテムですが、カジュアルに見えすぎないように、ジャージーフラノのパンツで上品に引き締めて。

コート／45R
トレーナー／45R
パンツ／45R
ブーツ／シルヴァーノ・ラッタンツィ

1/27 MON

カーキのナイロンコートも
Aラインならやさしい印象

1/28 TUE

洗練された雰囲気になる
深緑のコートが一枚あると便利

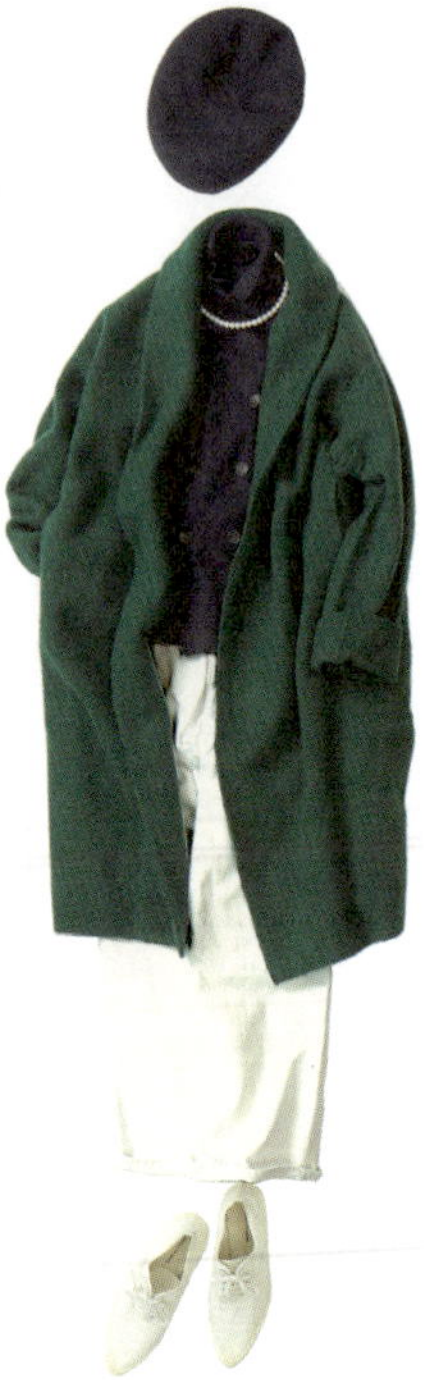

1/31 FRI

フラワー刺しゅうのロングコートで
デニムスタイルを華やかに

1/29 WED

マルチボーダーのビッグポンチョは
華奢に見せてくれる心強いアイテム

1/30 THU

朝、部屋着の上にコートを
さらりとはおってパンを買いに

1/27 MON, アメリカンヴィンテージをお手本にした、ハリと光沢感のあるナイロンのダウンコートは、キルティングが内側にほどこされているので品よく着こなせます。A ラインの裾にスリットが入っているから動きやすくて軽やか。ヴィンテージのベルトでウエストマークしてメリハリをつけ、襟元からウールのスカーフをのぞかせフェミニンに。1/26 (P.049) と同じセンタープレスのパンツを「エルメス」のブーツにインしてすっきりと。1/28 TUE, カシミヤジャージーフラノのネイビージャケットにホワイトデニム。トラッドでスタンダードな装いも、深みのあるグリーンのロングコートを合わせると、スタイリッシュで都会的な雰囲気に。足元は「コム デ ギャルソン」のスニーカーで軽さを出します。1/29 WED, 毛布のようなボーダー柄ポンチョのモチーフは、馬を休めるためのホースブランケット。ビッグシルエットなので、パンツの裾をショートブーツにインしてコンパクトに。インナーはボーダーの一色とリンクさせて品よく仕上げます。1/30 THU, 1/2・1/3 (P.034)、1/23 (P.047) のコートと色違いのパイルカットメルトンのコートですが、キャメルならカッチリしすぎず、スウェットパンツの上にはおってもさりげなくなじむので、近所のお買い物にも重宝します。バッグはカジュアルな「アナトミカ」のキャンバストートでも、「エルメス」のブーツでクラス感を。1/31 FRI, 上下ともデニム素材のコーディネートに、ベージュのラップコートをガウンのようにさらりとまとって。ぎゅっと目が詰まった縮絨ウールなので暖かく、それでいて見た目は軽やか。インパクトのあるフラワー刺しゅうとリンクさせたネイティブアメリカンジュエリーをアクセントに。夏のイメージが強いターコイズも、冬だからこそ逆に新鮮でおしゃれです。

ニットでぬくぬく。
厳しい寒さを乗り切ろう

肩が凝らず、あったかくて、一枚でも着映えする。
そんなリラックス感のあるざっくりニットが大好きです。
肌ざわりがよく着心地のいい上質なものを選びます。

OUTFIT IDEAS FOR

February

2/1 SAT

ネイビーと相性のいい 茶のレザー小物をアクセントに

ニットとパンツをネイビーでまとめた凛とした印象のワントーンコーディネート。クールになりすぎないよう、明るい茶のベルトとバッグを差し色に。ウエストをマークして、ざっくりニットをボリュームダウン。女性らしさを演出します。

コート／ロロ・ピアーナ
ニット／45R
ジョッパーズ／45R
ベルト／エルメス
バッグ／アンリークイール
ブーツ／タニノ・クリスチー

Note ベルトと靴の色を合わせるのが王道ですが、ロングブーツの場合はパンツに寄せた黒が正解。

2/2 SUN

足元は白スニーカーで抜け感と軽やかさをプラス

ボタンのないカシミヤのラップコートは、ストール感覚で着られるので重宝します。前日のコーディネートをチノパンに替えただけで、メリハリが効いて軽やかな印象に。足元は白スニーカーでネイビーとのボリュームを調整。

コート／ロロ・ピアーナ
ニット／45R
チノパン／45R
スカーフ／45R
スニーカー／コム デ ギャルソン

Note スカーフ使いはコーディネートに効かせるか、なじませるか。同色でなじませると品よくまとまります。

2/3 MON

光沢のあるワイドパンツで
気分を上げて一週間をスタート

2/4 TUE

カジュアルなスタイルに
あえてのネクタイが新鮮

2/7 FRI

ボリューミィなカーディガンを
デニムでメンズライクに

2/8 SAT

ダメージデニムには
ロングニットで甘さをプラス

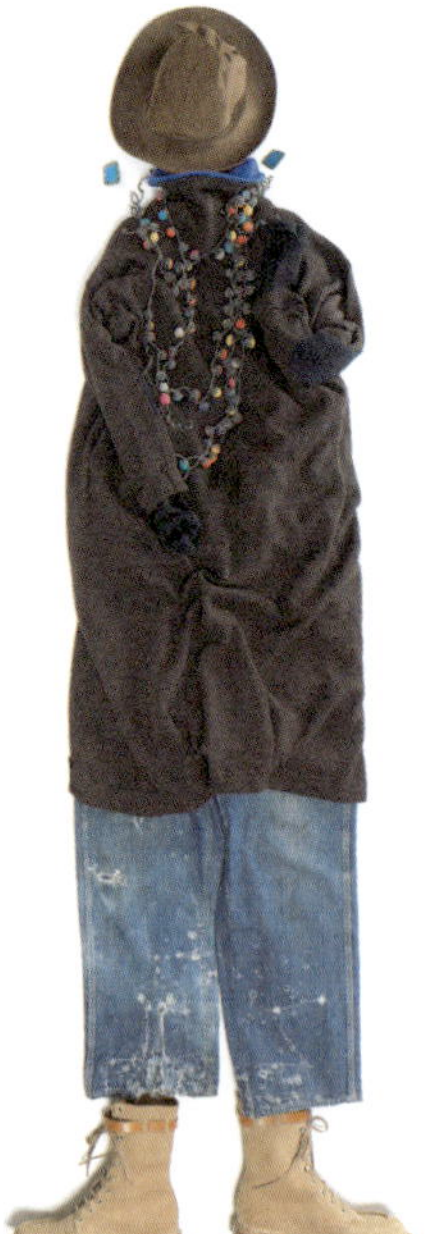

2/ WED 5

今日は雪の予報。
ワークブーツで備えます

2/ THU 6

ツイードスカートは
ニットをインしてジャストウエストで

2/ SUN 9

ふんわりスカートを合わせて
フェミニン&リラックス

2/3 MON, ヴィンテージ感のある手織りのインドシルクを使ったワイドパンツがインパクト大。股上が深いので、トップスをインしてジャストウエストで着るのが正解。「エルメス」のワンショルダーと「カルミナ」のコンビのローファーで抜け感を。2/4 TUE, ダンガリーシャツにフリンジがアクセントのざっくりニット。ジョッパーズをブーツにインしたカジュアルな装いに、コットンツイードのネクタイでアクセントを。2/5 WED, ふんわり感のあるシェットランドウールのざっくりニットはネックラインがフェミニン。コットンウールのボリュームスカートはベルトでウエストをマークして。2/6 THU, ベルトをキリリと締めれば、クラシカルな雰囲気になり、メリハリが出て、脚を長く見せる効果も。2/7 FRI, Gジャンボレロの上に個性的な編み目のカウチンカーディガンをはおって。ボトムはスリムなデニムですっきりと。2/8 SAT, ひざまであるロングニットにはロングネックレスでＩラインを強調すればバランスよくまとまります。2/9 SUN, 金曜日と同じカウチンカーディガンにツイード生地をラグのようにパッチワークしたスカートを。裾のボンボンがキュートなので、甘くなりすぎないようハードなワークブーツで。

2/10 MON

朝はキッチンカウンターで
コーヒーを飲みながらエンジンをかけて

「クリムゾン」のニットは、色違いで持っているほどお気に入り。月曜日はネイビーと白の清潔感あるコーディネートで気合を入れます。以前は紅茶党でしたが、ハワイのおいしいコーヒーをいただいてから、朝、豆をひいてコーヒーを飲むようになりました。

ニット／クリムゾン
ジョッパーズ／45R
眼鏡／髙島屋で購入
イヤリング／髙島屋で購入

Note 『大人になったら、着たい服 '14-'15秋冬』では同じニットをチェックのジョッパーズとコーディネートしていました。

2/ TUE
11

赤のジャケットを着ると気分が上がります

年齢を重ねて、明るい色が似合うようになってきた気がします。水牛の角のボタンがアクセントのカシミヤのニットジャケットは、茶のジョッパーズではつらつと。

ニットジャケット／コーギー
ジョッパーズ／45R
スカーフ／45R
バッグ／45R
ブーツ／エルメス

2/ WED
12

グリーンとネイビーは品のいい大人の色合わせ

ネイビーのコットンニットにチノパン、チェックのストール。トラッドの王道をいく色柄の組み合わせに、存在感のあるチョーカーとシューズでつや感をプラス。

タートルニット／45R
チノパン／45R
チョーカー／ジョージ ジェンセン
ストール／クリムゾン
靴／スタブス&ウートン

Note 「コーギー」は、1892年創業のイギリスの老舗ニットブランドで、ハンドメイドにこだわっています。

2/13 THU

白のワントーンでスマートな雰囲気

Tシャツとデニムは真っ白、カシミヤのカーディガンはまろやかなアイボリー、バッグはベージュ。トーンの違う白をミックスして、平坦に見せない工夫を。

カーディガン／クリムゾン
Tシャツ／45R
デニム／45R
バッグ／シャネル　時計／オメガ
ブーツ／シルヴァーノ・ラッタンツィ

2/14 FRI

今日は自宅で〝チームyasumi〟の食事会

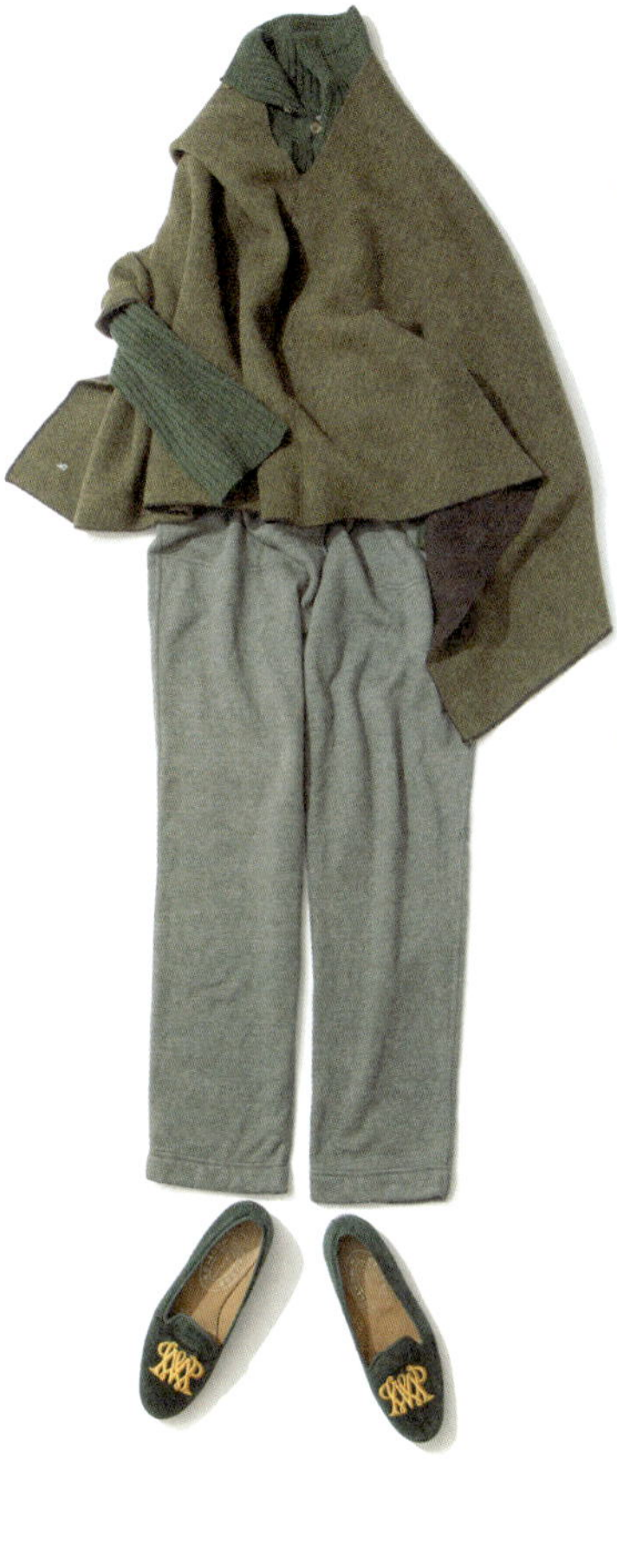

2～3か月に1度、会社の女性スタッフと飲み会をしています。辛口カーキのワントーンコーディネートなら、リラックスしたスウェットパンツでもくだけすぎません。

ポンチョ／45R
ニット／45R
スウェットパンツ／45R
靴／スタブス＆ウートン

Note　「クリムゾン」のカーディガンは、色違いでネイビーも持っています。

2/ SAT
15

茶と白の組み合わせには
ボルドーの差し色で品よく

ほっこりした印象の茶色のニットジャケットに白ジョッパーズを合わせると、コントラストがついてあか抜けた印象に。足元とリンクさせたボルドーのスカーフで落ち着いた華やぎを。

ニットジャケット／45R
ジョッパーズ／45R
スカーフ／45R
靴下／45R
ブーツ／ダナー

Note 「ダナー」は、1932年創業のアメリカ・オレゴン州のブーツメーカー。軽くて動きやすいのが魅力です。

2/16 SUN

ボリュームスカートは ウエストマークでメリハリをつけて

前日と同じニットジャケットをフレアスカートとロングブーツで。ボリュームが下に集まるので、ベルトを締めて目線を上に。小物は一段濃い色にして引き締めるのが鉄則。

ニットジャケット／45R
スカート／45R
ベルト／ヴィンテージ
ブーツ／エルメス

2/17 MON

月曜日はオール白の清潔感で
クリーンな気持ちでスタート

2/18 TUE

重量感のあるハンドニットも
レーヨンパンツならつやっぽい

2/21 FRI

もこもこスウェットパンツを
タッセルつきストールが上品に

2/22 SAT

サイドスリットのビッグニットは
ロングパールで女性らしく

2/19 WED

個性的な柄のカウチンニットはトラッドなボトムとシックに

2/20 THU

白のワントーンコーディネートはネイビーの引き締め効果でキリリ

2/23 SUN

ノルディック柄セーターにウールのスウェットパンツで朝のお散歩

2/17 MON, タックの入ったボリュームのある袖がエレガントなタートルニットに、ショート丈のカーディガンをさらりとはおって。太めのホワイトデニムで気持ちがシャンとします。2/18 TUE, ざっくりとしたカジュアルなニットに、光沢のあるしなやかなレーヨンパンツが新鮮。ヴィンテージのアロハシャツにも使われている素材なので、独特のドレープ感があり、くだけすぎません。2/19 WED, ダンガリーシャツにツイードパンツのスタンダードなスタイルも、ネイティブアメリカンのナバホ族の柄をモチーフにした個性的なカウチンニットをはおれば一気に個性的な着こなしに。2/20 THU, シンプルな編み目が上品でモダンなゆったりニットはフロントのポケットがアクセント。ネイビーのスカーフで首まわりにボリュームを持たせ、視線を上に持ってくるとスタイルがよく見えます。2/21FRI, 金曜日はスウェットパンツで。タッセルのついたウールのストールをはおれば大人のカジュアルスタイルに。2/22 SAT, ウエストあたりまで深くスリットの入ったチュニックは、ビッグシルエットながらエレガント。「スタブス＆ウートン」のベルベットのシューズも効いています。2/23 SUN, 金曜日と同じスウェットパンツをビッグニットで休日のリラックススタイルに。

Note カウチンニットは、カナダのバンクーバー島に住むカウチン族が狩猟の際に着ていたセーターをイメージしています。

2/24 MON

カシミヤのカーディガンに合わせたストライプのシャツワンピースは、実はメンズのパジャマです。パリの老舗シャツメーカー「シャルベ」の定番。ハリのある生地できちんと感があるので、テーラードジャケットにも合います。

カーディガン／クリムゾン
シャツワンピース／シャルベ
眼鏡／和光
ブーツ／タニノ・クリスチー

Note　ネイビーのカーディガンは2/13(P.061)のベージュのカーディガンと色違いです。

シャキッとしたメンズのパジャマを
シャツワンピースにして格好よく

Note　実は「45R」でも、ヴィンテージのパジャマをお手本にした“グーグーシャツ”を作っています。

2/25 TUE

時にはジグザグ模様の大胆ニットに挑戦

個性的なシェブロンストライプのフードつきニット。デニムだと普通なので、あえてヘリンボーンのツイードパンツにしたのは、着物の柄合わせの影響かもしれません。

ニット／45R
パンツ／45R
ベルト／ヴィンテージ
ブーツ／シルヴァーノ・ラッタンツィ

2/26 WED

ニットポンチョはボトムをスリムに

スリットの入ったカシミヤのニットポンチョをすっぽりかぶって。淡いグレーとブラウンの色合わせは、やさしくて上品。パンツのサイドラインが引き締めてくれます。

ポンチョ／クリムゾン
パンツ／45R
ネックレス／ミキモト
ブーツ／エルメス

Note 2/26のグレーニットは、既刊『井上保美さんのクロゼットから』ではジョッパーズと合わせていました。

2/27 THU

ツイードのパンツで大人のボーダースタイル

ともすると子どもっぽくなりがちなボーダーも、センタープレスパンツにスニーカーを合わせれば、大人のスポーツカジュアルに。今日はスポーツクラブのサウナへ。

ニット／45R
パンツ／45R
トートバッグ／アナトミカ
スニーカー／コム デ ギャルソン

2/28 FRI

ニットジャケットでシックに

カッチリしたニットコーデュロイのチロリアンジャケットはきちんとした印象。ツイードパンツと合わせて知人の送別会へ。スカーフと靴をボルドーにして華やかに。

ニットジャケット／45R
パンツ／45R
スカーフ／45R
靴／スタブス＆ウートン

何げないカーキのワントーンコーディネートも帽子をプラスするだけで、ちょっと粋な印象になります。スポーティになりがちなキャップも、ツイード素材ならトラディショナルな趣。大きなファーのポンポンつきで、遊び心を。

ニット／45R
パンツ／45R
帽子／ジェームスロック
ストール／クリムゾン
トートバッグ／アナトミカ
傘／アンリークイール

2/29 SAT

英国紳士御用達の帽子を着こなしのスパイスに

すべて「ジェームスロック」。真ん中のネイビーのキャスケットが私のファースト“ロック”です。

冬は帽子のおしゃれが楽しい季節です。防寒としての機能はもちろんですが、ざっくりニットやアウターなど、ボリュームのあるアイテムとのバランスがとりやすく、ちょっとおしゃれに見えるので、コーディネートには欠かせません。とはいえ、帽子は似合わないとずっと思っていました。でもそれは、勝手に思い込んでいただけのこと。5年前にロンドンの帽子店「ジェームスロック」を訪れて自分にはキャスケットが似合うと知ってから、イギリスに行くたびに買い集め、今ではいろいろな帽子にチャレンジしています。英国紳士御用達だけあり、クラシックでスタンダード。品があるところが気に入っています。

Note チャールズ皇太子も愛用している「ジェームスロック」。キャップ以外はユニセックスです。

白と明るい茶をベースにしたシンプルな空間に、ダークブラウンのアンティークや小物がほどよいアクセントに。設計は、杉本博司さんと榊田倫之さんが主宰する新素材研究所。「茶室も自然に溶け込むよう作っていただきました」

私の365日をつくるもの②

Lifestyle

住まいが変われば、着こなしも変わる

先日、引っ越しをした井上さん。住まいの変化が、
暮らしぶりや装いにどのような変化をもたらしたのでしょうか？

都心に暮らすようになり時間に余裕ができました

かつて住んでいたのは郊外の小さな日本家屋。憧れの大正ロマンをイメージした茶色ベースの落ち着いた雰囲気でした。今は都心のマンション住まい。白が基調のシンプルな空間です。どの部屋にも大きな窓があり、視界が開けて、都心とは思えないほど緑があふれ、朝は鳥の声が聞こえてきます。環境がよく明るいので、気持ちも明るくなります。あまりに家の居心地がいいので、仕事をしていても、早く帰りたくてしょうがないくらいです（笑）。

これまでは車で往復1、2時間近くかかることもありましたが、今では、あっという間に帰れます。職住近接になったので、本当にラクです。

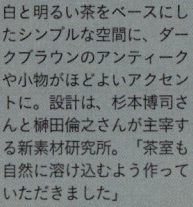

広々としたリビングは、大きな窓から日差しがたっぷり。壁には陶芸家であり画家の辻村史郎さんの作品が。

「年をとるほど都心に暮らすほうがいい」と先輩たちからもいわれていましたが、本当でした。もちろん、かつて住んでいた家は、とても気に入っていましたが、歳を少し重ねたことで、通勤時間の長さや一軒家であることの不便さを感じるようになりました。そうした点で、都心のマンションは、どこに出かけるにも移動がスムーズで、新たな時間が生まれて、気持ちにゆとりができた気がします。

頑張りすぎないおしゃれが今の私のテーマです

時にはリュックで歩いて通勤し、帰り道にあるお花屋さんでお花を買ってみたり、仕事帰りにスポーツクラブに行ってストレッチをしたり、電車で30分ほどの浅草までスタッフとごはんを食べに行ったり……と、行動範囲も広がって、よりアクティブになりました。

そのせいもあり、着こなしが以前よりカジュアルになった気がします。ラフだけれど、さりげなくおしゃれ。そんなアイテムがワードローブに加わりました。たとえばスウェットパンツとスニーカーに、ポンチョを加えれば近所にお買い物に行ける、というような。

住む環境が変われば、おしゃれもおのずと変わります。都心には、おめかしをして、ばっちりメイクを決めている人たちもたくさんいます。その中で、ふっと肩の力が抜けたおしゃれな人というのは、街にしっくりなじんでいて、住み慣れた感があって素敵です。そんな頑張りすぎないナチュラルなおしゃれが、今の私のテーマです。

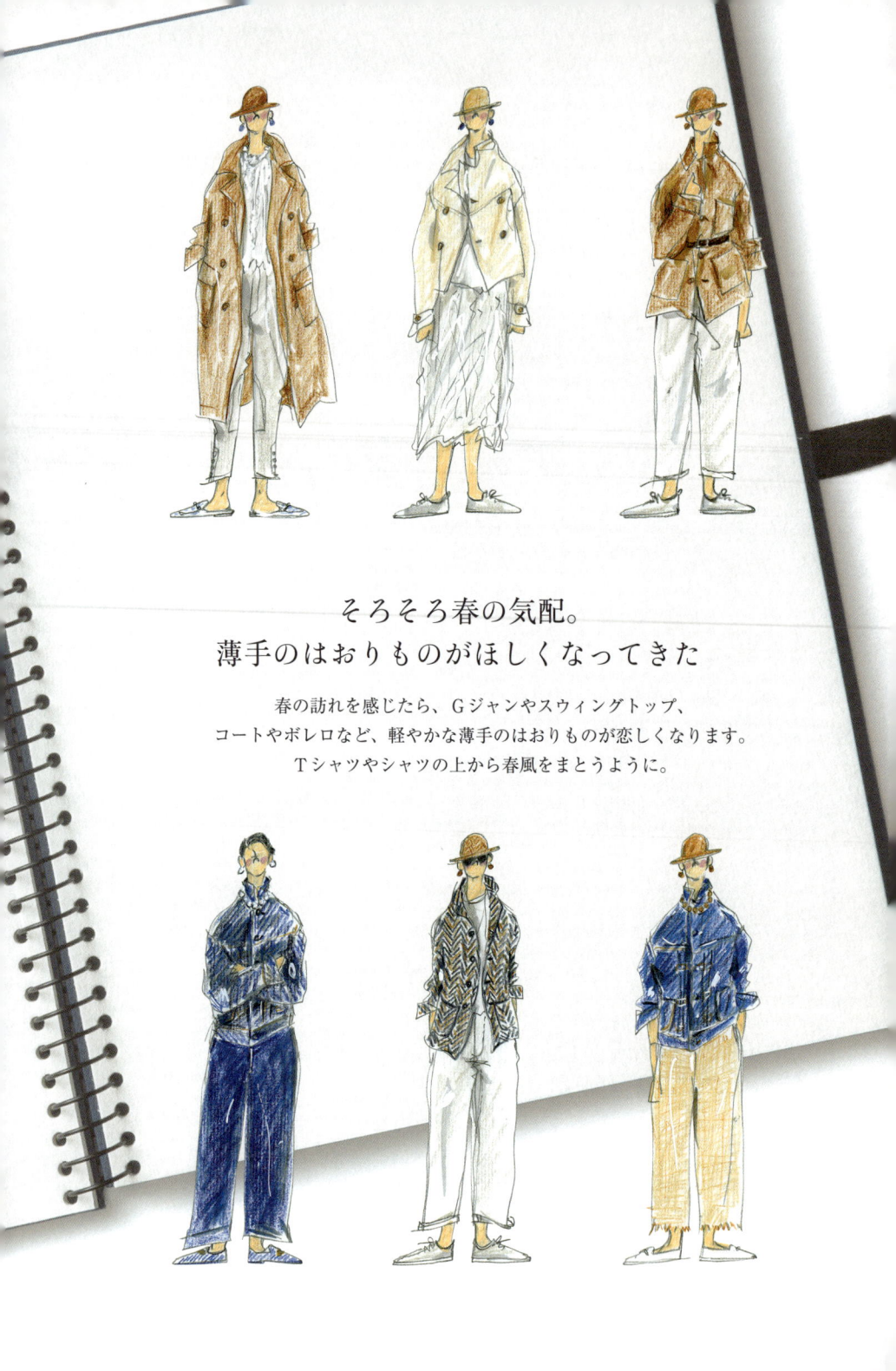

そろそろ春の気配。
薄手のはおりものがほしくなってきた

春の訪れを感じたら、Ｇジャンやスウィングトップ、
コートやボレロなど、軽やかな薄手のはおりものが恋しくなります。
Ｔシャツやシャツの上から春風をまとうように。

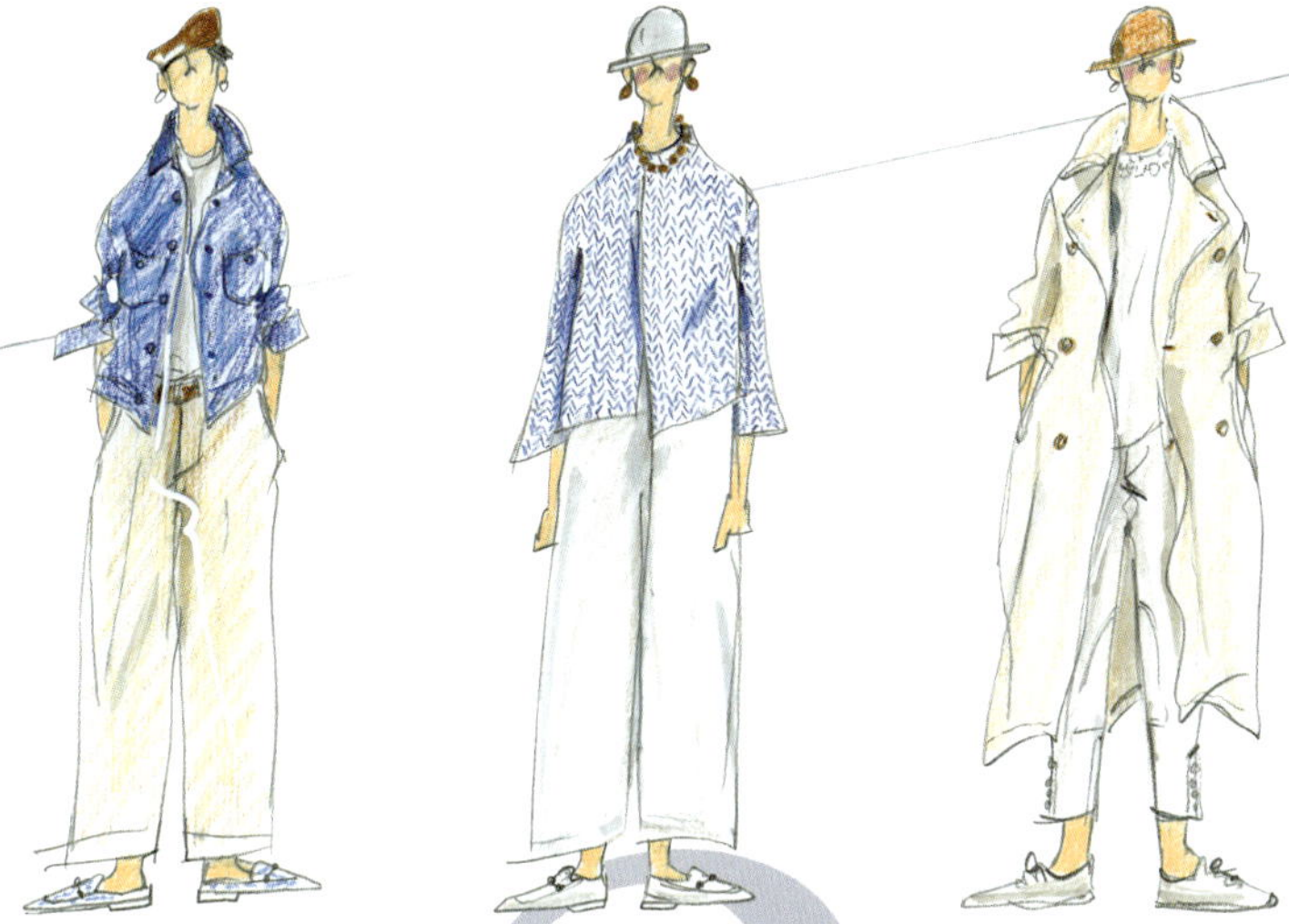

OUTFIT IDEAS FOR

March

3/1 SUN

リネンのGジャンをボレロのように

光沢のあるリネンのGジャンは、短めの着丈で重ね着にもぴったり。ワイドなリネンのワークパンツでラフに着こなします。ターコイズのアクセサリーでさわやかに。

Gジャン／45R
Tシャツ／45R
パンツ／45R
ネックレス／ヴィンテージ
ベルト／ヴィンテージ　靴／グッチ

3/2 MON

月曜日はシャキッと決まる白のワントーンで

週の始まりは何も考えなくても決まるコーディネートで。生成りのコートをさらりとはおり、花モチーフのロングネックレスを二重にしてチョーカーのように効かせます。

コート／45R
Tシャツ／45R
ジョッパーズ／45R
ネックレス／ドーサ
スニーカー／コム デ ギャルソン

3/3 TUE

フェミニンなブラウスにワイルドなコートを

光沢感があるリネンのコートは古布を思わせるハードな風合い。ヴィンテージブラウスの繊細なレースとフラワーモチーフのシューズでほどよく甘さをプラスします。

コート／45R
ブラウス／ヴィンテージ
ジョッパーズ／45R
靴／グッチ

3/4 WED

リネンジャケットにチノパンできれいめに

チノパンに紺ジャケットの王道の組み合わせも、リネン素材なら春らしく軽やか。大好きな色合わせのスカーフをアクセントに、足元は白スニーカーで抜け感を。

ジャケット／45R
チノパン／45R
サングラス／レイバン
スカーフ／45R
スニーカー／コム デ ギャルソン

カタログのロケ撮影は海や山など自然の中に行くことが多いのですが、今日はスタジオがある会社の倉庫へ。全身白のコーディネートで気持ちを引き締めて、原点に還るという意味も込めて「リーバイス」のＧジャンを。

Gジャン／リーバイス　Tシャツ／45R
デニム／45R
イヤリング／髙島屋で購入
ネックレス／ミキモト
バッグ／JSAF　靴／グッチ

Note　ヨットの帆をリメイクしたJSAFリサイクルトートバッグは荷物が多いときに重宝しています。

3/ THU 5

まだ私、Gジャンいける！ って思いました

左は「リーバイス」の1950年代のもの、右は「ジェイシーペニー」の1950〜1960年代のもの。

先日、引っ越しをしたとき、クロゼットを整理していたら、20代のころに着ていたGジャンを見つけました。「リーバイス」の〝セカンド〟と呼ばれる１９５０年代のモデルで、私にとってはあの〝５０１〟同様に、原点ともいえる宝物です。シャビーすぎて、もう似合わないかなと思いながらも、今年はGジャンがリバイバルしていることもあり、ちょっとはおってみたところ、「私、まだいける。この年齢でGジャン着られるわ」と。会社に着ていくと、周りがざわつきました。「保美さんがヴィンテージのGジャン着てる、格好いい！」と。あらためて本当のスタンダードの威力を思い知らされました。

Note 現在のGジャンの形は、リーバイスが1960年代にリリースした“サード”モデルがベースです。

3/6 FRI

微妙なニュアンスの違いを楽しむ オールデニムのコーディネート

藍染めデニムのGジャンは明るい色が洗練された印象で、着心地もやわらかくて軽やか。ワークパンツをお手本にしたストンとしたシルエットのデニムとオペラシューズで格好よく。パールでひとさじの女らしさをプラスします。

Gジャン／45R
デニム／45R
ネックレス／ミキモト
靴／チャーチ

Note 12/1〜12/4（P.012〜013）のデニムと同じです。

3/ SAT
7

軽やかなツイードのパンツと端正な麦わら帽子で春の海へ

ざっくりとした風合いと、裾とウエストひものフリンジがカーテンを思わせる、しなやかなツイードのパンツで軽やかに。白檀のボリュームネックレスと麦わら帽子はパンツと色をなじませて、足元は白のローファーでメリハリを。

Gジャン／45R
パンツ／45R
帽子／オールド イングランド
ネックレス／45R
靴／グッチ

3/8 SUN

トレンチは袖をまくってゆるっと着ると決まりすぎない。トロンとした生地感とネックラインのラフさが絶妙なリネンの白Ｔシャツと、コットンとリネンのデニム素材で、切りっぱなしの裾がリラックス感あるイージーパンツを合わせて。

コート／45R
Ｔシャツ／45R
パンツ／45R
バッグ／ハワイで購入
スニーカー／コム デ ギャルソン

ハードになりがちなカーキのトレンチは
カラフルなバッグをアクセントに

3/9 MON

ニットジャケットと藍染めデニムで
大切なお客様をお出迎え

3/10 TUE

マニッシュな白のブルゾンに
ラップスカートがキュート

3/13 FRI

モノトーンスタイルは
プリントのスカーフをポイントに

3/14 SAT

太めのストレートデニムには
コンパクトなジャケットを

3/11 WED

フェミニンなキャミソールに
シャリ感のあるリネンコートを

3/12 THU

黒ジャケットは透け感を加えて
シャープになりすぎないように

3/9 MON, きちんと感がありつつ動きやすいリネンニットのジャケットに、深みのある藍染めのデニムでシックに。ヒップまわりがゆったりとして、裾に向かって強めにテーパードをかけたシルエットは美脚効果も。3/10 TUE, 丈が短めのコットンスウェットのブルゾンは、どんなボトムでも受け止めてくれるスグレモノ。ダック生地のラップスカートで女学生風に。3/11 WED, ムラのある色味のコートはヴィンテージ感があり、はおるだけで独特のムードに。リネンのキャミソールのカットワーク刺しゅうでさりげなく華やかさをプラスして。3/12 THU, 黒ジャケットと濃いめのデニムには、透け感のある白ブラウスで明るさを加えます。足元が「ハンター」のブーツで重くなる分、ジャケットの袖を折り返して抜け感を。裏地のストライプを見せてさわやかに。3/13 FRI, 黒×白のメリハリコーディネートにニュアンスを与えてくれる色ムラのあるデニムのブルゾン。3/14 SAT, 色落ちしたストレートデニムはどうしてもボーイッシュに転びがちなので、白のキャミソールで甘さをプラス。 3/15 SUN, ニュアンスの違うデニムをきれいにまとめてくれるのは、インナーの白。第一ボタンを閉じて、白がチラリと見えるくらいがグッドバランス。シューズも白で足元を軽くして。

3/15 SUN

ワイドデニムとGジャンは
白でつなげばうまくまとまる

Note ダック生地はワークウェアの定番素材。デニムと同じように経年変化が楽しめます。

3/ MON 16

春のおしゃれは薄手のコートが主役。デニムには蝶結びでかわいらしく

3/2（P.076）と同じ生成りのスプリングコートを細身のストレートデニムとコーディネート。コートの袖はひじまでまくって、抜け感を出すのがポイントです。こっくりとしたあめ色の麦わら帽子をスパイスに。足元はスニーカーで颯爽と。

コート／45R
Tシャツ／45R
デニム／45R
帽子／オールド イングランド
スニーカー／コム デ ギャルソン

3/ TUE
17

白ジョッパーズはブーツインしてスカーフをアクセントに

リネンの白Ｔシャツに白ジョッパーズのワントーンコーディネートに、ニュアンスのある生成りのコートをはおるだけで上品な印象に。ロングブーツと茶をリンクさせたスカーフの水色が、さわやかな春風を運んできてくれます。

コート／45R
Tシャツ／45R
ジョッパーズ／45R
スカーフ／45R
ブーツ／エルメス

Note　コーディネートのつなぎ役にも差し色にもなるバイカラーのスカーフは重宝します。

3/18 WED

ハードなアウターで甘さをダウン

フリルのブラウスにレーヨンのイージーパンツ。そんなフェミニンなコーディネートにタフでクールなユニセックスのジャケットを合わせると、より甘さが際立ちます。

ジャケット／45R
ブラウス／45R
パンツ／45R
スニーカー／コム デ ギャルソン

3/19 THU

カバーオールをウエストマークでハンサムに

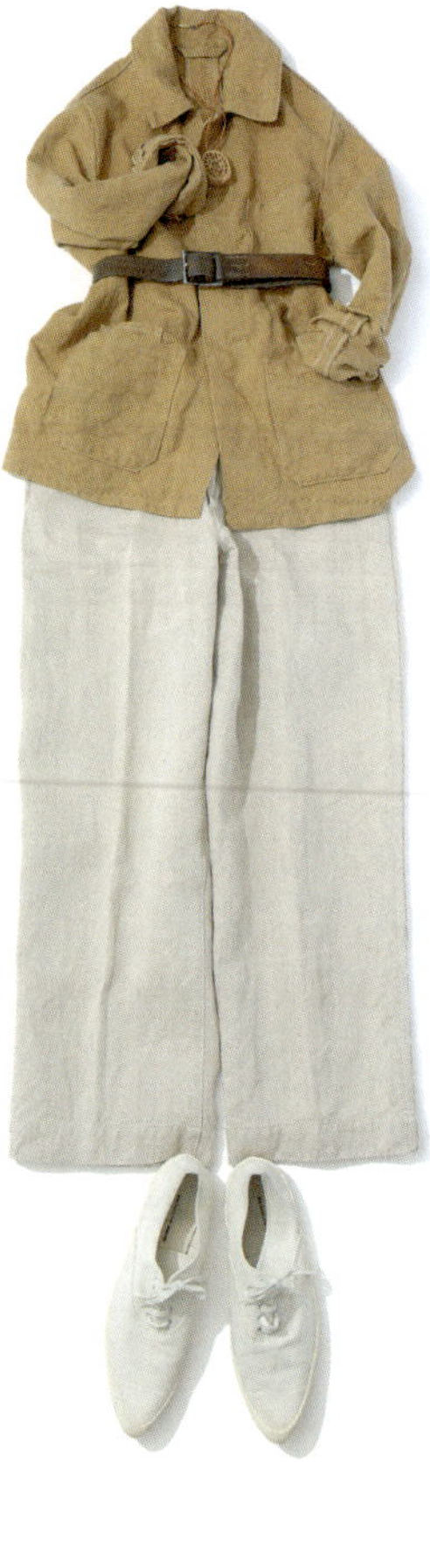

もともとワークウェアだったカバーオール。ゆったりシルエットのリネンパンツで着こなせば、ちょっとサファリルック風。白檀のネックレスがさりげないアクセントに。

ジャケット／45R
パンツ／45R
ネックレス／45R
ベルト／ヴィンテージ
スニーカー／コム デ ギャルソン

Note レーヨンパンツはギャップを楽しむアイテム。2/18（P.064）にもノルディック柄のざっくりニットと。

3/20 FRI

白のワイドパンツにリネンジャケットで品よく

上質なシャツ生地のパンツには、光沢感があるエレガントなリネンのツイードジャケットを。裏地が千鳥格子なので、あえて袖を折り返して遊びます。

ジャケット／45R
Tシャツ／45R
パンツ／45R
ネックレス／ミキモト
靴／グッチ

3/21 SAT

ベージュのワントーンは素材感の違いを楽しんで

ともするとおもしろみに欠けるベージュのワントーンコーディネート。リネンダックのジャケットに、シルクリネンのスカートでグレー味がかったベージュを重ねます。

ジャケット／45R
Tシャツ／45R
スカート／45R
帽子／45R
スニーカー／コム デ ギャルソン

3/ SUN
22

生成りとカーキのコーディネートは
ブルーのスカーフを差し色に

雨の日はリュックです。それに合わせて傘もボトムもカーキでコーディネート。カジュアルな印象のショルダーストラップが顔まわりをほっこりさせないよう、光沢のあるブルーのシルクスカーフを。雨の日の気分も上がります。

コート／45R　Tシャツ／45R
スウェットパンツ／ルルレモン
スカーフ／エルメス
リュック／45R
傘／アンリークイール
ブーツ／エルメス

Note　引っ越しをしてから、リュックがワードローブに加わりました。

3/23 MON

今日はストライプの気分。
パターン違いでトータルコーディネート

3/24 TUE

シャツワンピースは
メンズライクなジャケットで

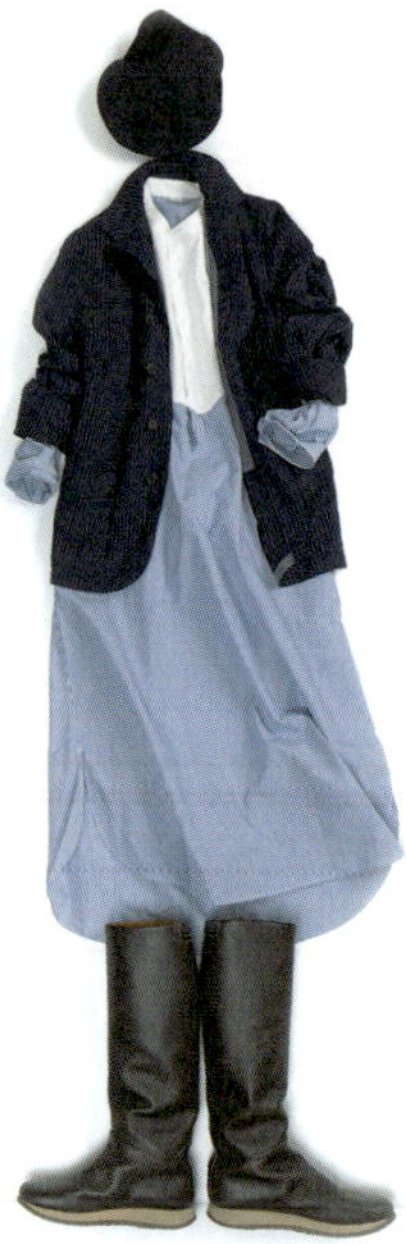

3/27 FRI

優等生になりがちな
ツイードジャケットをスポーティに

3/28 SAT

シックなブラックコーディネートを
デニムコートとスニーカーではずして

3/ WED
25

時にはワンピースにボレロで楚々とした装いを

3/ THU
26

軽やかなツイードのガウンコートはベルトでウエストをマークして

3/ SUN
29

ダメージデニムを格上げするフラワージャカードの上品コート

3/23 MON, ピンストライプのオーバーオールにヒッコリーのジャケット、レジメンタルのスカーフ。「スタブス＆ウートン」のオペラシューズもストライプで。3/24 TUE, ヴィンテージのメンズパジャマをお手本にしたシャツをワンピースのように。ピンストライプのジャケットをはおればオフィスでも浮きません。足元は「エルメス」のロングブーツですっきりと。3/25 WED, ひざ丈のワンピースにインドシルクのツイードボレロ、ベルベットのオペラシューズでおめかしを。3/26 THU, リネンとギマコットンで織ったしなやかなコートとワイドパンツは、ぼんやりした印象にならないようベルトで引き締めます。3/27 FRI, コットンとリネンで織った軽い着心地のツイードジャケット。白のパーカ、白のコットンパンツ、「コム デ ギャルソン」のスリムな白スニーカーで。3/28 SAT, コットンのリブタートルと黒ボトムのきれいめコーディネートに、ヴィンテージ感のあるビッグシルエットのデニムのステンカラーコートを。足元もあえて「コンバース」のハイカットスニーカーでカジュアルダウン。3/29 SUN, 光沢感とハリのある生地全体にあしらったフラワージャカードが華やか。縦のラインが強調されて細見え効果があるのも嬉しい。

3/ MON
30

ニットツイードのジャケットを
ワークパンツで軽やかに

明るい色のボトムで軽やかに。ストンとしたシルエットのリネンのベイカーパンツには、ジャケットのボタンを上まで留めてトップスをコンパクトにすると、リラックス感がありつつすっきりした着こなしに。そのうえきちんと感もあります。

....

ジャケット／45R
Tシャツ／45R
パンツ／45R
サングラス／レイバン
スニーカー／コム デ ギャルソン

3/31 TUE

ダメージデニムは ヌーディなサンダルで抜け感を

前日と同じジャケットの着こなしですが、ジャケットのボタンをはずして、Tシャツをのぞかせて、足元だけでなく上半身にも抜け感を。コットンの白Tシャツだとカジュアルに転びますが、ニュアンスのある生成りのリネンなので上品。

ジャケット／45R
Tシャツ／45R
デニム／ヴィンテージ
サンダル／グッチ

Note ダメージデニムには白のコットンTシャツだとラフすぎるので、質感にこだわって。

シャツでキリリ。
フレッシュに新年度をスタート

メンズ仕立てのシャツに袖を通すと気持ちもキリリと引き締まります。
基本中の基本ともいえる白シャツを中心に
デニム素材から、チェックやドットなどの柄物まで。

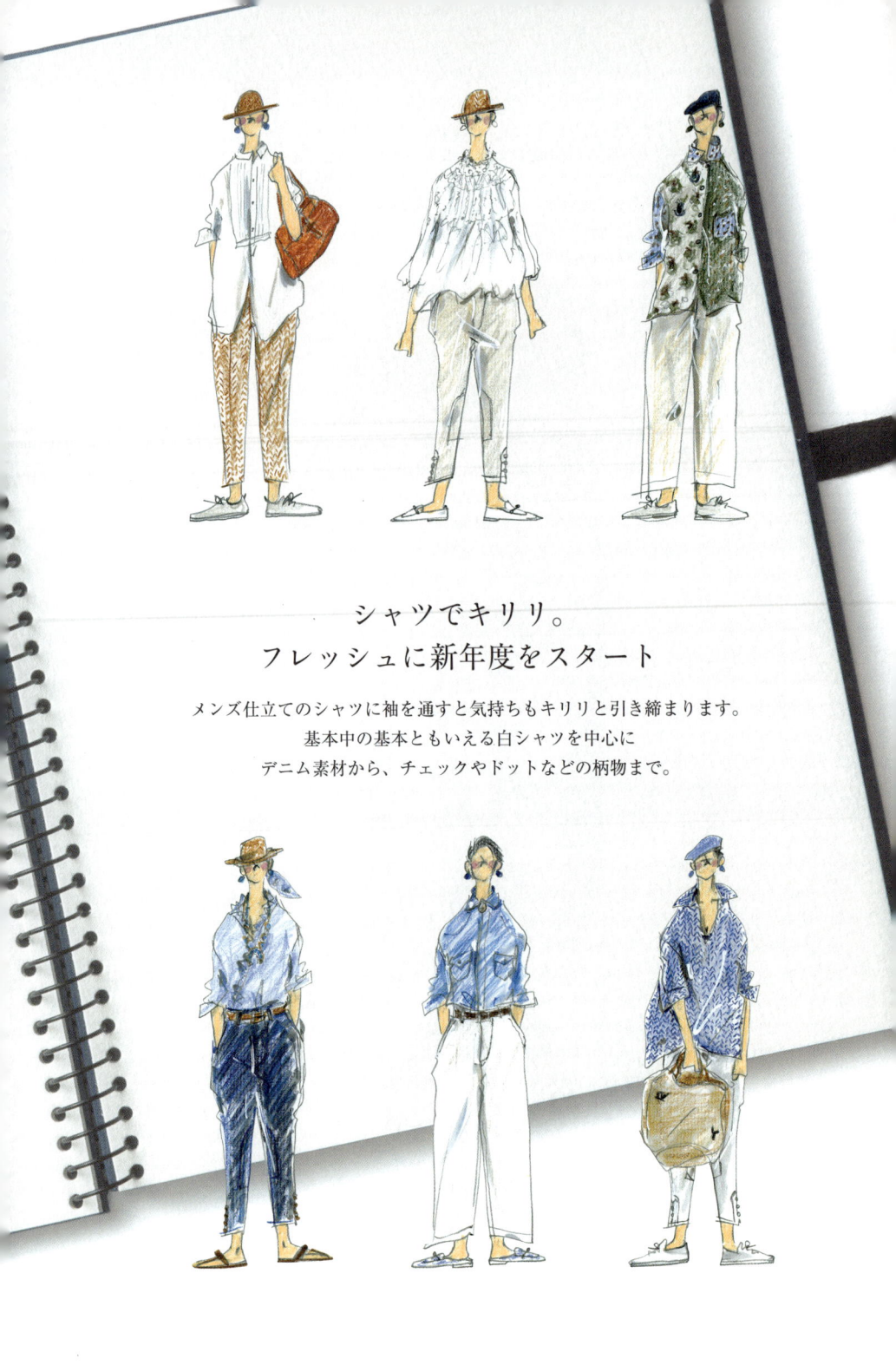

OUTFIT IDEAS FOR

April

4/1 WED

白シャツは、素材にこだわって気分で着分けます

左から、180番手三子糸のコットン、オックスフォード、カディ、リネン。白でも表情はさまざま。

素材を知れば、シャツの着こなしはさらに楽しくなります。素材の違いだけでなく、同じコットンでも、糸の細さや織り方によって、まったく表情が異なりますから。ナチュラルな風合いのリネンや、手紡ぎ手織りのカディコットンなら、あえてカッチリしたメンズライクなボトムを合わせたり。トラディショナルな気分のときは、細い糸でシャキッと仕上げたオックスフォードシャツにしようかなとか、エレガントに着こなしたいときは、さらに細い１８０番手の糸を３本撚った三子《みこ》糸でゆっくり織り上げた、しなやかでハリのあるコットンシャツにしようかな、などと気分によって着分けています。

Note　コットンの番手は数字が大きいほど糸が細くなり、エレガントな印象になります。

SPRING

April

新年度のスタートは、やっぱり基本の白シャツから。メンズのドレスシャツの中でも高級とされる180番手の三子糸で織られたピンタックシャツは、シルクのような光沢があり、なめらかな肌ざわり。デニムスタイルを格上げしてくれます。

シャツ／45R
デニム／45R
眼鏡／和光
イヤリング／45R
ネックレス／ヴィンテージ
時計／オメガ
靴／グッチ

4/2 THU

カシュクールの甘めダンガリーをターコイズでクールに

コットンリネンのハリ感がさわやかなダンガリーシャツは、ヴィンテージのようなムラのある色味と細かいカットワークが個性的。ジョッパーズにインして甘さを軽減。

ブラウス／45R
ジョッパーズ／45R
ネックレス／ヴィンテージ
ベルト／ヴィンテージ
サンダル／グッチ

4/3 FRI

カジュアルの王道スタイルにブローチと靴で華やぎを

ウエストをシェイプしたすっきりシルエットのダンガリーシャツ。チノパンにハードな革ベルトのカジュアルスタイルに、カメオのブローチとスリッポンで気品をプラス。

シャツ／45R
チノパン／45R
ブローチ／ヴィンテージ
ベルト／ヴィンテージ
靴／グッチ

Note　カシュクールブラウスは12/21（P.024）のツイードジャケットのインナーとして着ていました。

4/4 SAT

レースのブラウスの甘さをパンツで抑えて

昔からずっとレースが好き。レースのブラウスをまとうだけで気分が上がります。繊細なヴィンテージブラウスには、リネンのヘリンボーンのジョッパーズで颯爽と。

ブラウス／ヴィンテージ
ジョッパーズ／45R
帽子／オールド イングランド
ネックレス／ミキモト
靴／グッチ

4/5 SUN

ラフなのに大人かわいいネイビーのワントーン

深みのあるインディゴ染めの麻のタックシャツにワイドデニムがエレガント。ハンドメイドのジュート製バッグと花モチーフのネックレスのクラフト感が今の気分。

シャツ／45R
デニム／45R
ネックレス／ドーサ
バッグ／ジャクソンズ
靴／チャーチ

Note　「ジャクソンズ」のバッグはパリの「クリムゾン」で購入。色ごとにメッセージが違うのが楽しくて、何色も持っています。

4/6 MON

ジャケットをシャツのように
白スラックスにイン

4/7 TUE

シャツの刺しゅうと
ベルトをリンクさせて

4/10 FRI

オーバーサイズのシャツを
ジャケット感覚でさらりと

4/11 SAT

3種のブラウンをスライドさせて
奥行きと統一感を

Note　きちんとしたシャツほど、抜け感があるほうがおしゃれ。袖をひじまでまくります。

4/ WED
8

甘辛バランスがほどよい
キャメルのフリルシャツ

4/ THU
9

インディゴの水玉シャツは
カーキのネクタイでクールに

4/ SUN
12

ソフトな風合いのチノクロスなら
ジャケットもシャツのうち

4/6 MON, スタンドカラーのジャケットをシャツに見立て、プロデューサー巻きにしたカーディガンでこなれ感を、シルクシャンタンのネックレスで光沢をプラスしました。4/7 TUE, スタンドカラーのダンガリーシャツは刺しゅうがアクセント。ヒッコリーパンツにインすれば、脚長効果もあります。ボヘミアンテイストのレースベルトをアクセントに。4/8 WED, キャメルのフリルシャツにラフなリネンのデニムパンツを合わせたら、フラワーモチーフのベルトで少しだけ甘さを戻します。4/9 THU, 大きさも色もさまざまな水玉の生地を組み合わせた丸襟のシャツを、リネンの白のワークパンツでクリーンに。シルクのネクタイは芯のない一枚仕立てなのでソフトでエレガントです。4/10 FRI, ネイビーのタートルニットとスリムパンツの上に、あえてメンズサイズのオックスフォードシャツをはおって格好よく。4/11 SAT, ブラウンの濃淡コーディネートは、襟元に白を差し入れると、顔まわりが明るくさわやかになります。4/12 SUN, ソフトな風合いのチノジャケットをシャツがわりに。ヴィンテージのベルトと「シルヴァーノ・ラッタンツィ」の靴をクロコで統一して、つやと品をプラス。白のワントーンを引き締めます。

4/13 MON

気分を変えたいときはスカートで。透け感のあるカディコットンのブラウスに、ヴィンテージ感のある硬い風合いのリネンのスカートとロングブーツを合わせると、ほどよい甘辛バランスに。ボトムに量感があるので、帽子で視線を上に。

ブラウス／45R
スカート／45R
帽子／45R
ブーツ／エルメス

甘いレースのブラウスに
ハードなボリュームスカートを

4/ TUE 14

ドレッシーなピンタックシャツはあえて第一ボタンをはずしてラフに

4/1（P.099）と同じ180番手の三子糸で織ったピンタックシャツ。パンツにインすると決まりすぎるので、裾は出したままでリネンのジョッパーズと。襟を少しあけ、袖口はロールアップして抜け感を。足元は白スニーカーで軽快に。

シャツ／45R
ジョッパーズ／45R
バッグ／シャネル
スニーカー／コム デ ギャルソン

4/15 WED

チビ襟を立て、パールを重ねて ちょっとかしこまった装いに

襟が小さいので、スタンドカラーシャツのように着られるところもお気に入り。リネンツイードの千鳥格子のセンタープレスパンツにクロコのバッグとレースアップシューズでつや感をプラス。ストイックになりすぎないよう袖はまくって。

シャツ／45R
パンツ／45R
ネックレス／ミキモト
バッグ／アンリークイール
靴／シルヴァーノ・ラッタンツィ

4/ THU
16

大人のギンガムチェックは小物使いがカギ

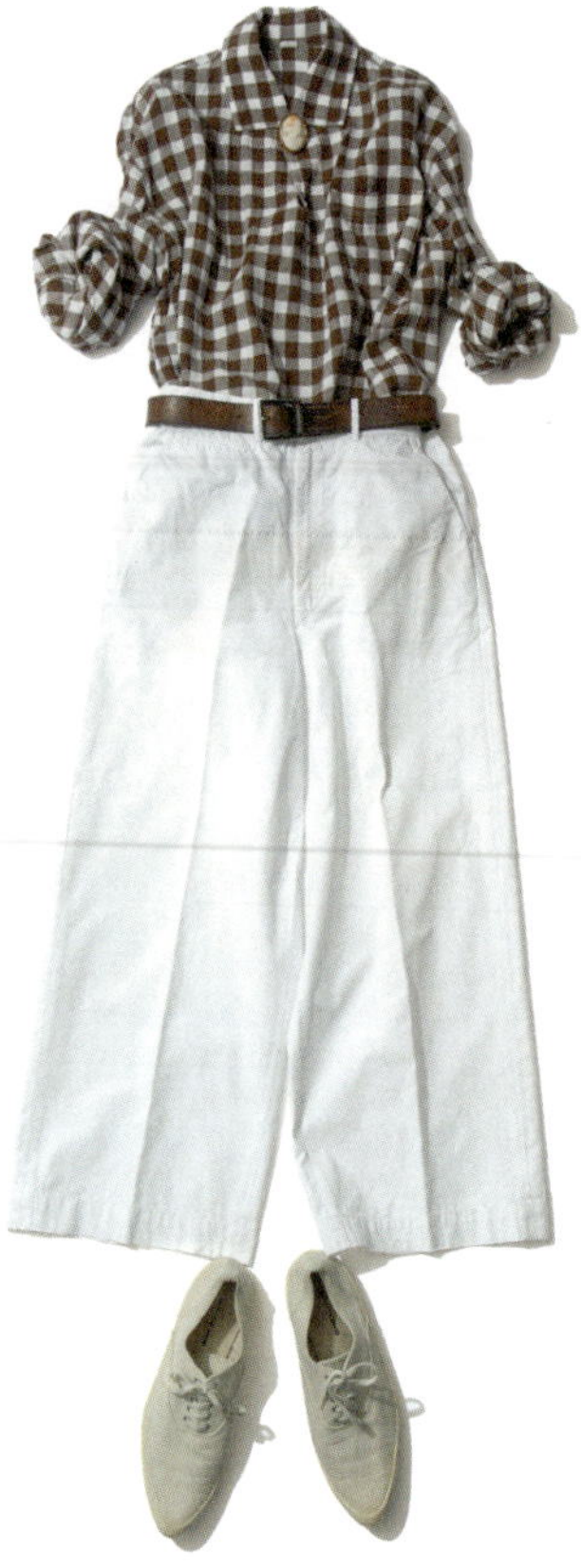

リラックスした感じになりがちのギンガムチェックのプルオーバーシャツを、あえてボトムにイン。襟元のボタンを留めて、カメオのブローチで品をプラスしました。

シャツ／45R
パンツ／45R
ブローチ／ヴィンテージ
ベルト／ヴィンテージ
スニーカー／コム デ ギャルソン

4/ FRI
17

白のワントーンは濃い茶を効かせてメリハリを

リネンのピンタックシャツに、同じくリネンのしなやかなワイドパンツ。リラックス感のある白の上下は、ぼやけて見えないように、上質なブラウン小物で引き締めて。

シャツ／45R
パンツ／45R
眼鏡／和光
ネックレス／45R
靴／シルヴァーノ・ラッタンツィ

Note 4/16は、P.008「春夏にプラスするなら…」の薄手のワイドパンツのコーディネートです。

4/18 SAT

カラフルなプリントシャツに視線集中

４種類のプリント生地をパッチワークしたレーヨンシャツは、大人の上質なリラックスウェア。主役にしたいから、チノパンと白スニーカーでシンプルにまとめます。

シャツ／45R
チノパン／45R
スニーカー／コム デ ギャルソン

4/19 SUN

涼しげなAラインのシャツでリゾート気分

襟元が大きくあいたエレガントなプルオーバーシャツは、シルバージュエリーでクールに。ボトムにはネイビーをリンクさせた千鳥格子のリネンツイードパンツを。

ブラウス／クリムゾン
パンツ／45R
ネックレス／ヴィンテージ
靴／グッチ

Note　シルバーのネックレスは1/20（P.044）、4/1（P.099）と同じで、サンフランシスコで購入したハンドクラフトです。

4/20 MON

ゆったりしたプルオーバーは
スリムなボトムで

4/21 TUE

小物にも白をリピートして
クレリックシャツをクールに

4/24 FRI

白シャツ×ベストは
モノトーンコーディネートが正解

4/25 SAT

チェックのダブルジャケットも
リネン素材ならシャツ認定

4/22 WED

オールホワイトの装いは
異なる質感を重ねて

4/23 THU

アートピースのような
インパクトアクセサリーを主役に

4/26 SUN

古着のようなデザインは
カントリー風のスタイルで

4/20 MON, カーキのプルオーバーはシャンブレーならではのニュアンスのある色味が大人な雰囲気。カーキの濃淡のグラデーションの差し色に、コットンシルクスカーフのブルーを。4/21 TUE, オックスフォードのボタンダウンシャツは、襟とカフスの白がアクセント。ハイウエストのデニムなら、カジュアルでもきちんと感のある着こなしに。ベルトと「カルミナ」のコンビローファーにも白を効かせて、より清潔感を。4/22 WED, 全身白のコーディネートはのっぺりしがち。シャツはリネン、パンツはデニム、シューズはレザーで素材が違えばニュアンスが変わってリズムが生まれます。仕上げに帽子でアクセントをつけて。4/23 THU, リネンのデニムジャケットをワンウォッシュのハイウエストデニムにイン。サンダルにもクラフト感を重ねて。4/24 FRI, ベストを使いこなせたら、おしゃれ上級者。ヒッコリーのスカートに「ハンター」のブーツで足元をすっきりと。4/25 SAT, リネンのダブルジャケットをシャツ使いするときは、ストレートデニムのサイズを上げてボーイッシュに。4/26 SUN, チェックのパンツや「ハンター」のブーツを合わせて、クラシカルなカントリーテイストに。

Note 4/22のシャツは4/17(P.108)の、4/26のシャツは3/24(P.092)のシャツワンピースと同じものです。

4/27 MON

デニムのブラウスは20年以上愛用している永遠アイテム

Note　デニムブラウスは既刊『井上保美さんのクロゼットから』の表紙でも着用しています。

パフスリーブがフェミニンなブラウスは、パンツにインでもアウトでも着られる丈感が絶妙。撮影のときは、ライトオンスデニムのセンタープレスパンツにインして。ベルトでウエストマークすれば、脚長効果もあります。

ブラウス／45R
パンツ／45R
眼鏡／和光
イヤリング／45R
ベルト／ヴィンテージ
時計／オメガ
靴／チャーチ

4/ TUE 28

Aラインのプルオーバーは白ボトムですっきり

光沢感があり、ゆったりとした身幅のリネンツイードのプルオーバーはエレガント。ロールアップした袖の裏地とざっくりとしたコットンツイードのバッグがアクセント。

シャツ／45R
ジョッパーズ／45R
バッグ／45R
スニーカー／コム デ ギャルソン

4/ WED 29

女性らしいボウタイブラウスはジョッパーズではずして

パリの郊外のお店で見つけたボウタイブラウス。洋服で水玉を買ったのは久しぶり。上品なアイテムなので、リネンのジョッパーズで女っぽさを軽減します。

ブラウス／MdN
ジョッパーズ／45R
靴／グッチ

Note 昔の「コム デ ギャルソン」のプレーンな水玉のワンピースが大好きでした。4/29のブラウスはそのイメージ。

4/ THU
30

パリで見かけたおしゃれな紳士のコーディネートがお手本

コットンのロングシャツにツイードのパンツの着こなしがあまりに素敵だったので、真似をしてみました。シャツはビッグシルエットですが、しなやかでハリがあるのでカジュアルになりすぎません。パリ風にベレー帽を合わせて。

シャツ／45R
ジョッパーズ／45R
帽子／45R
イヤリング／45R
スニーカー／コム デ ギャルソン

Note　このシャツ生地も、4/1（P.099）のシャツと同じ180番手の三子糸で織られています。

ゴールデンウィークがやってきた。
初夏のおしゃれは抜け感が大事です

風が通り抜ける軽やかでやわらかな素材感、
袖口や裾をロールアップして肌をさりげなく見せるスタイリングで
抜け感を出せば、涼しげでこなれた感じのおしゃれになります。

5 OUTFIT IDEAS FOR May

5/1 FRI

ダンガリーに繊細な刺しゅうの
ミスマッチがおしゃれ

襟と前立てに刺しゅうをあしらったスタンドカラーのダンガリーシャツは、1/21(P.045)、4/7(P.102)と同じもの。裾は出して、ゆったりシルエットのリネンのワークパンツでリラックス感のある着こなしに。袖のロールアップもお約束です。

シャツ／45R
パンツ／45R
サンダル／45R

5/ SAT 2

メンズサイズのニットを あえてゆったり着て女らしく

前日と同じパンツに、シャリッとした肌ざわりのケーブル編みのリネンセーターを。薄い素材なので見た目も涼しく、オーバーサイズでゆったり着ると風通しがよく気持ちいい。柿渋で染めたパナマ帽、白檀のネックレスをアクセントに。

ニット／45R
パンツ／45R
帽子／ヴィンテージ
ネックレス／45R
スニーカー／コム デ ギャルソン

ゴルフは紳士のスポーツなので、ジャケットをはおり、カーキに茶とネイビーを効かせたコーディネートに。ジョッパーズパンツはブラックウォッチに茶のボタン、ゴルフバッグもカーキと焦げ茶、ローファーもカーキとベージュのコンビです。

ジャケット／45R
ポロシャツ／ラコステ
ジョッパーズ／45R
バッグ／ゴヤール
靴／カルミナ

Note　ポロシャツとジャケットは襟を立て、首元をすっきり見せることも忘れずに。

5/ SUN 3

ゴルフウェアは「ラコステ」と決めています

色も袖の長さもワニの大きさもいろいろ。手前の２枚がヴィンテージの“フレンチラコステ”です。

ゴルフ歴は四半世紀になりますが、女子プロゴルファーのロレーナ・オチョア選手（現在は引退）が登場して以来、彼女のスタイルをお手本にして、ゴルフのときは「ラコステ」のポロシャツと決めています。当時の女子プロゴルファーといえば、女性らしいウェアの選手がほとんどでしたが、彼女だけは「ラコステ」のポロシャツをコットンパンツにタックイン。トラディショナルで格好よくて、まさに私好みでしたから。なかでも、元祖の〝フレンチラコステ〟がいちばん好きです。フレンチカラーやパフスリーブ、裾のスリットといった基本のデザインは誕生以来ずっと変わらず。これぞ永遠のスタンダードです。

Note　私の“フレンチラコステ”はいずれも1970年代のものですが、右が初期、左が中期〜後期。タグが微妙に違います。

5/4 MON

ふんわりトップスも幾何学模様ならクール

ギャザーがたっぷりのゆったりシルエットなのに甘くないのは、シックな色使いの幾何学模様だから。カディのノースリーブは、リネンのジョッパーズでキリリと。

ブラウス／45R
ジョッパーズ／45R
サンダル／45R

5/5 TUE

羽のように軽い〝カディコットン〟のワンピース

ピンタックをあしらったボリュームワンピースは、袖口にゴムが入ったパフスリーブで、カジュアルでもフェミニンな印象。ジャケットをはおればきちんとした装いにも。

ワンピース／45R
サンダル／グッチ

Note 出張帰りの機内では、5/5のカディワンピースにスパッツで過ごすことが多いです。

5/6 WED

ゆったりとしたジャカードベストをすっぽり

5/4と同じリネンのジョッパーズに合わせたのは、リネンとギマコットンで編まれたジャカードベスト。柄のインパクトが強いので、ベージュの濃淡で品よくまとめます。

トップス／45R
ジョッパーズ／45R
サンダル／45R

5/7 THU

さりげないカットワークの透け感が大人かわいい

光沢感のあるすっきりとしたサロペットは、胸元のさりげないカットワークがアクセント。白のリネンGジャンをはおり、足元も白のスニーカーでさわやかに。

Gジャン／45R
サロペット／45R
バッグ／45R
スニーカー／コム デ ギャルソン

Note　インドの職人によるハンドメイドのかごの素材は葦。和服にも合わせます。

5/8 FRI

チェックとストライプの生地をパッチワークしたカディコットンのブラウスは、ギャザーがたっぷり。ボリューム感がありますが、太めのボトムを合わせたほうがバランスよくまとまります。麦わら帽子をかぶってノスタルジックに。

ブラウス／45R
パンツ／45R
帽子／オールド イングランド
靴／グッチ

Note　P.008「春夏にプラスするなら…」の薄手のワイドパンツをはいています。

スモックのような
懐かしいニュアンスが乙女チック

たっぷりギャザーのブラウスはストレートデニムですっきりと

ガーゼのようにやわらかく、軽やかな着心地のリネンのブラウス。フェミニンなシルエットなのに甘すぎないのは、落ち着いた色合いのチェックだから。ストレートデニムの裾のフリンジとサンダルで、さらにリラックス感を加えて。

ブラウス／45R
デニム／45R
サンダル／45R

5/ SUN 10

ラフなディテールのセットアップでリラックス

トップスもパンツも軽やかなデニム生地。切りっぱなしのディテールに加えて、パンツのウエストはひもで調節できるので休日スタイルにぴったり。とはいえイージーになりすぎないよう、花モチーフのネックレスと靴で華やかさも忘れずに。

トップス／45R
パンツ／45R
ネックレス／ドーサ
靴／グッチ

Note コットンとリネンのデニム生地のセットアップは、ハワイなどのリゾート地でも活躍しそうです。

5/11 MON

繊細なカットワークワンピースは
ボヘミアン調ベルトで個性的に

5/12 TUE

フラワープリントも裾のフリルも
インディゴだから甘すぎずシック

5/15 FRI

藍とインディゴのコーディネートは
足元のスニーカーで抜け感を

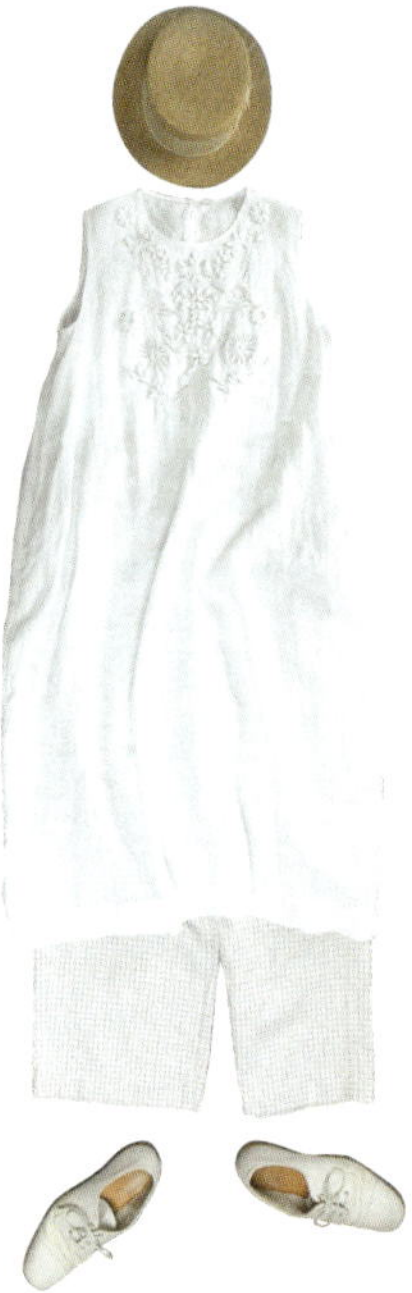

5/16 SAT

リネンワンピースにパンツを
レイヤードしてニュアンスを

5/ WED
13

太めのボーダートップスは
ウエストマークでバランスを

5/ THU
14

ベージュの上品な組み合わせは
カジュアルブーツではずして

5/ SUN
17

ヴィンテージ感のある
プリントTシャツでウォーキングへ

5/11 MON, 光沢とハリ感のあるマキシ丈のワンピースは、ハンドメイドならではの繊細な刺しゅうが涼しげ。あえて深みのある色のデニムとキャミソールを合わせてリネンの透け感を強調します。5/12 TUE, 3種類の花柄の生地をパッチワークしたワンピースに細めストレートの色落ちデニムを。足元はヌーディなサンダルで。5/13 WED, インパクトのある太めのボーダーをストレートデニムと合わせるときは、ベルトでウエストを必ずマークして目線を上に。5/14 THU, 身幅のゆったりした麻のざっくりニットは、ツイードのラップスカートで上品に。5/15 FRI, 藍のざっくりカディにちりばめた、立体感のあるリネンの小花刺しゅうが涼やか。ゆったりとしたデニムの足元は「コム デ ギャルソン」のスリムなスニーカーで。5/16 SAT, 手の込んだ刺しゅうがフェミニンなワンピースからチェックのワイドパンツをのぞかせて。足元を白のレースアップシューズで引き締めます。5/17 SUN, 海図がプリントされたヴィンテージ感のあるTシャツはウォーキング用。ダークブラウンのスウェットパンツにカーキのスニーカーと合わせればシックです。

5/ MON 18

シンプルなサロペットを
ドレスのように

ストンとしたシルエットがエレガントなサロペット。首の後ろをボタンひとつで留めているだけなので、背中からキャミソールがチラリとのぞきます。ウエストをひもで調節できるので、リボン結びもポイント。お見せできないのが残念です。

サロペット／45R
帽子／オールド イングランド

Note 朝、出かける前にベランダの植木をチェック。日焼けは厳禁。日よけの帽子は自宅でもマストです。

5/ TUE 19

ペイズリー柄のレーヨンパンツでリゾート気分

ボトムの柄は小さければ無地と同じ。色の濃い無地トップスを合わせれば、下半身がすっきり見えます。トップスのざっくり感とパンツの光沢感のコントラストも絶妙。

チュニック／45R
パンツ／45R
サンダル／グッチ

5/ WED 20

大胆な柄トップスはスウェットパンツではずして

いろいろな柄のシルクのバンダナをパッチワークしたチュニック。スウェットパンツにリュックでスポーツクラブへ。スニーカーの色をトップスとリンクさせます。

チュニック／45R
スウェットパンツ／45R
リュック／45R
スニーカー／ニューバランス

5/21 THU

胸下から広がるふんわりシルエットがかわいい

胸の下の切り替えで視線が上に行くので、実は脚長効果もあり。裾広がりのトップスのラインに合わせて、太めのパンツこそが正解。パンツは3/7（P.081）と同じです。

Tシャツ／45R
パンツ／45R
スニーカー／コム デ ギャルソン

5/22 FRI

チェックのパンツもブラウンなら大人っぽい

リネンのチュニックはガーゼ以上にやわらかで心地よい肌ざわり。ゆるっとしたシルエットですがエレガント。リネンのワイドパンツでリラックススタイルに。

チュニック／45R
パンツ／45R
サンダル／45R

Note チュニックにワイドパンツをお客様におすすめしても、最初は信じてくださいません（笑）。でも絶対に大丈夫！

シックな黒のコーディネートは ヌーディなサンダルで抜け感を

素材自体はメンズの上質なシャツ生地なので光沢感があり、パフスリーブや裾にあしらったカットワークがフェミニン。夏のワンピースには以前はスパッツを合わせることが多かったのですが、近頃はストレッチパンツで上品にまとめます。

ワンピース／45R
パンツ／45R
サンダル／グッチ

5/ SUN 24

『大草原の小さな家』を思わせる アメリカのカントリースタイルで

濃淡のあるチェックのワンピースは、歩くたびにたっぷりの裾のギャザーが揺れて涼しげ。ヴィンテージのベルトでウエストをマークして、クラシックに着こなします。柿渋で染めたヴィンテージハットもアクセントに。

ワンピース／45R
帽子／ヴィンテージ
ベルト／ヴィンテージ
サンダル／45R

Note　ヴィンテージにはパワーがあるので、何かコーディネートがもの足りないときに加えると効果的です。

5/25 MON

チノと合わせてもかわいい
パフスリーブのスウェット

5/26 TUE

スカーフとイヤリングで
白ワンピースをマリン風に

5/29 FRI

エレガントなスカートを
白スニーカーでカジュアルに

5/30 SAT

いつでも着たい。
大好きなブルーと茶の色合わせ

5/ WED 27

オーバーサイズのチノパンを
ロールアップしてボーイズ風に

5/ THU 28

チェックのパンツに
レジメンタルのベルトが小粋

5/ SUN 31

淡いピンクのトップスには
首元に強い色のスカーフを

5/25 MON, スウェットなのにパフスリーブが新鮮。「シャネル」のバッグとヴィンテージのベルト、「モンテクリスティ」のパナマ帽を効かせて、きれいめチノスタイルに。5/26 TUE, Aラインのワンピースは、ワークウェアのような大きなポケットがアクセント。水玉のスカーフと錨をイメージさせるシルバーのイヤリングでマリンテイストに味つけを。5/27 WED, 襟、袖口、裾にレースをあしらったAラインのブラウスを、あえてオーバーサイズのチノパンに合わせて「エルメス」のベルトできちんと感を。5/28 THU, 4/12（P.103）でシャツのように着ていたジャケットをチェックのパンツにイン。レジメンタルストライプのベルトでウエストをマークして。チェックとストライプの柄×柄も、同じ色ならしっくりなじみます。5/29 FRI, ノースリーブTシャツに、シワ加工したシルクのスカートでフェミニンに。持っているだけで元気になる「ジャクソンズ」のジュートのバッグを。5/30 SAT, 花の刺しゅうがチャーミングなコットンのワンピースに、ワイドシルエットのデニムを重ねて。5/31 SUN, 淡いピンクと明るいデニムの組み合わせは上品ですが、淡い色が顔の近くにあるとぼやけた印象になるので、首まわりに濃い色を。

白とブルーの組み合わせで
梅雨どきもさわやかに

ブルーは昔からいちばん好きな色。一年を通してコーディネートの
中心にありますが、白に合わせるとより気持ちよく。
じめじめとした季節も、難なく乗り切れます。

6 OUTFIT IDEAS FOR June

光沢のあるナイロンコートは、後ろにたっぷりギャザーが入ったふんわりシルエット。雨の日でも気分が上がります。ワンピースのようにエレガントな一着ですが、バッグや靴は雨にも強いアウトドアアイテムを合わせます。

コート／45R
イヤリング／45R
トートバッグ／アナトミカ
傘／アンリークイール
ブーツ／ハンター

6/1 MON

イニシャルはオリジナルの証し。愛着を感じます

奥から「アナトミカ」のトートバッグ、「ゴヤール」の“サンルイ”、ポーチは「マイスタイルバッグズ」。

「シルヴァーノ・ラッタンツィ」で初めて靴をオーダーしたとき、靴の裏に「Y・I」とイニシャルを入れてくださいました。それはまさしく世界にひとつだけのオリジナルの証し。人に見せるわけでもなく、単なる自己満足ではありますが、一生大切にしようと格別の愛着を感じました。それ以来でしょうか。カスタムメイドに限らず、名入れのオーダーができるときは必ずお願いしています。ハイブランドのものには遊び心が加わり、カジュアルなものだとちょっとスペシャルな感じになるのがおもしろい。誕生日が1月23日なので、イニシャルだけでなく、「123」と数字を入れていただくこともあります。

6/2 TUE

半袖のタートルをスカートにインして清楚に

半袖タートルはすっきり見えるので大好きなアイテムです。リネンのようにシャリッとした着心地のよさとスカートの光沢感に気分も上がります。足元はやっぱり白で。

タートルニット／45R
スカート／45R
帽子／45R
スニーカー／コム デ ギャルソン

6/3 WED

淡いトーンのふんわりワンピースをさらりと

チェックやストライプの生地をパッチワークしたボリュームワンピースは、手紡ぎ手織りのカディならではの涼やかな表情。一枚でもサマになるので重宝します。

ワンピース／45R
バッグ／45R
靴／グッチ

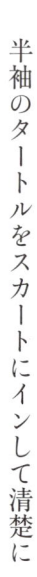

6/4 THU

白地にロイヤルブルーのボーダーは永遠の定番です

「オーシバル」のマリンTシャツは、肌になじむソフトな生地感。フェミニンなスカートにもしっくりなじみます。ピカソの気分でベレー帽を合わせます。

トップス／オーシバル
スカート／45R
帽子／45R
スニーカー／コム デ ギャルソン

6/5 FRI

キャミソールにダメージデニムで甘辛ミックス

手仕事ならではの繊細なカットワークレースをあしらったリネンのキャミソール。ヴィンテージデニムを合わせると、よりいっそう女らしさが際立ちます。

トップス／45R
デニム／ヴィンテージ
靴／グッチ

Note 「オーシバル」は1950〜60年代にフランス海軍に制服としてマリンTシャツを提供していました。

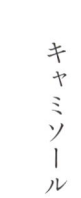

6/6 SAT

軽やかなツイードのコートは
ネイビーのワントーンでキリリ

見た目はざっくりしているのに軽やかな着心地のツイードのコートは大好きなテントライン。和紙を藍染めしたニュアンスのある青がやさしい雰囲気を醸し出しています。インナーをダークな色でまとめると、シャープな印象に。

コート／45R
タートルニット／45R
ジョッパーズ／45R
靴／チャーチ

Note　インナーにしたタートルニットは6/2（P.142）と同じ半袖タートルの着まわしです。

6/7 SUN

白のワントーンにさらりとはおれば よりいっそうエレガントに

つややかなシルクフリルのブラウスは、後ろ身頃がTシャツ地なので着心地抜群。白ジョッパーズと合わせて、胸元にフリルを少しだけのぞかせれば、甘すぎず上品で華やかな着こなしになります。足元も白ローファーですっきりと。

コート／45R
ブラウス／45R
ジョッパーズ／45R
靴／グッチ

6/ MON
8

気分を上げたい月曜日は
大好きなレースの甘いトップスで

6/ TUE
9

Vネックのニットチュニックは
ストライプのパンツで抜け感を

6/ FRI
12

ふんわりトップスには
フレアデニムが好相性

6/ SAT
13

週末のお掃除スタイルは
動きやすさとさわやかさ重視で

6/WED 10

ボーダーTシャツも
ディテールとボトムで大人仕様に

6/THU 11

七分のパフスリーブが
さりげなくフェミニン

6/8 MON, 細かいカットワークとボリュームのあるフリルがチャーミングなトップスは、クールなダメージデニムで甘さを中和。「トッズ」のスウェードのフリンジローファーできれいめに。6/9 TUE, ロング丈のニットチュニックはフロントのポケットがアクセント。ウエストをマークしてメリハリを。6/10 WED, きれいめな印象のボーダーTシャツは裾のフリルも女性らしく、ゆったりしたワイドデニムを合わせて。6/11 THU, デニムのような風合いがありながら、ふっくらとした袖とさりげない刺しゅうがかわいらしいワンピースは白ジョッパーズでさわやかに。6/12 FRI, ざっくりとしたカディの藍染めブラウスは、ドロップショルダーがリラックス感たっぷり。可憐な刺しゅうとふくらみのある袖がフェミニンで、フレアデニムと相性抜群。美脚効果もあり。6/13 SAT, 薄くて肌ざわりのいい鹿の子編みの白トップスにチェックの巻きスカート。掃除が終わったあとは、このスタイル同様、家も気分も爽快です。6/14 SUN, 軽やかなリネンデニムのサロペットはシンプルで上品な雰囲気。あえて個性の強いネイティブアメリカンジュエリーとグアテマラのカラフルバッグを。

6/SUN 14

すっきりとしたサロペットに
プリミティブな小物が今の気分

6/ MON 15

12/16(P.021)のインナーに着ていたのがこのカシュクールブラウス。さわやかなブルー地に施されたフラワージャカードが、上品なフォークロアテイスト。光沢とハリのある生地もエレガントです。シューズもフラワー柄でまとめて。

ブラウス／45R
デニム／45R
ネックレス／45R
靴／グッチ

Note　ボリュームのあるネックレスは白檀。お香の原料です。癒される香りでお守りがわりに。

フラワーモチーフのカシュクールで
シンプルなデニムを華やかに

6/16 TUE

雨の日のコーディネートはブーツをメインに考えます

湿気が多いこの季節は、風通しのいいトップスが着たくなります。12/20（P.023）と同じワンピースを雨の日仕様に。ボトムをブーツインしたいので、ジョッパーズで。

ワンピース／45R
ジョッパーズ／45R
帽子／45R
傘／アンリークイール
ブーツ／エーグル

6/17 WED

Aラインのジャケットにゆるボトムで不快指数をダウン

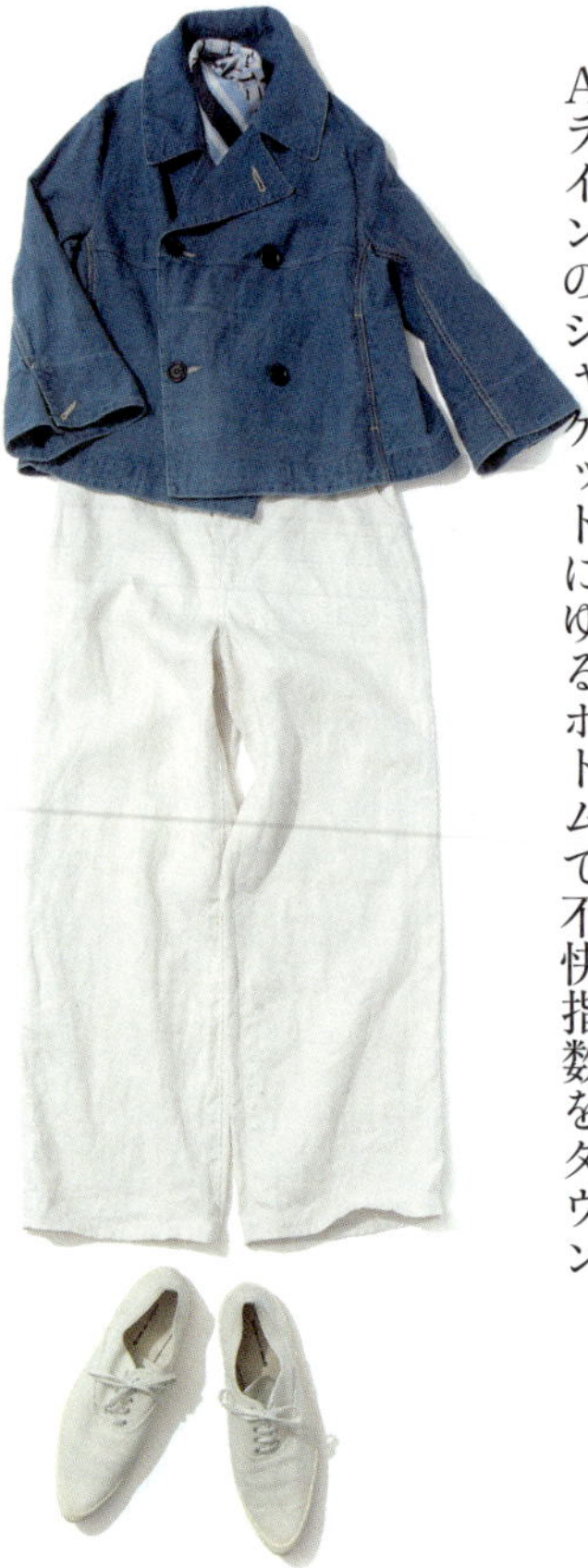

手首が華奢に見える七分袖で、袖口も裾もフレアになったデニムジャケットはこなれ感があります。ゆったりシルエットのワイドパンツを合わせて涼やかに。

ジャケット／45R
パンツ／45R
スカーフ／45R
スニーカー／コム デ ギャルソン

6/18 THU

涼しげなリネンのサロペットは、じめじめシーズンの強い味方

リネンデニムのサロペットは、胸元のギャザーとポケットがアクセント。一枚でサマになりますが、品よく着こなすにはコットンのカーディガンを。冷房対策にも。

カーディガン／45R
サロペット／45R
帽子／45R
靴／グッチ

6/19 FRI

青×白のペイズリーなら大胆な柄使いでもシック

ダイナミックなペイズリー柄ですが、麻にブルーのクレヨンで描いたようなやさしいタッチで、ナチュラルな印象。色使いがシンプルなので、むしろ着こなしやすいです。

ワンピース／45R
ジョッパーズ／45R
サンダル／45R

Note ストライプやチェックと同じくらい、ペイズリーも取り入れやすい柄。ぜひチャレンジして。

6/20 SAT

しなやかなシルクのチュニックにあえてデニムのワークパンツを

インドシルクを藍染めしたチュニックは、ドレスのようなつやと華があります。ワークパンツはカジュアルですが、ワイドシルエットなのでふんわりトップスとのバランスがよくエレガント。ネックレスとシューズの白をスパイスに。

チュニック／45R
デニム／45R
ネックレス／ドーサ
靴／グッチ

Note 手紡ぎ手織りならではの風合いと色ムラが魅力のチュニック。布の持つ力でコーディネートしていくとおもしろい。

6/ SUN 21

ロングシャツにスウェットパンツで近所にお買い物

3/24(P.092)、4/26(P.111)でも着用したシャツにスウェットパンツ、スニーカーが日曜日のスタイル。ラフだけれどしゃれている、"頑張りすぎないおしゃれ"が今のテーマです。カジュアルなものこそ、上質な素材にこだわります。

シャツ／45R
スウェットパンツ／45R
バッグ／45R
スニーカー／アディダス

6/22 MON

袖を折り返せば裏地もかわいい
リバーシブルワンピース

6/23 TUE

リネンのジャケットなら
気負わずラフに着こなせる

6/26 FRI

ストライプ同士を重ねれば
レイヤードスタイルもすっきり

6/27 SAT

バンダナ柄のブラウスは
明るい色のワイドデニムで

6/ WED 24

ちょっとクラシカルで
スポーティなマリンルック

6/ THU 25

ふんわりとしたカットソーワンピースは
刺しゅうの白がアクセント

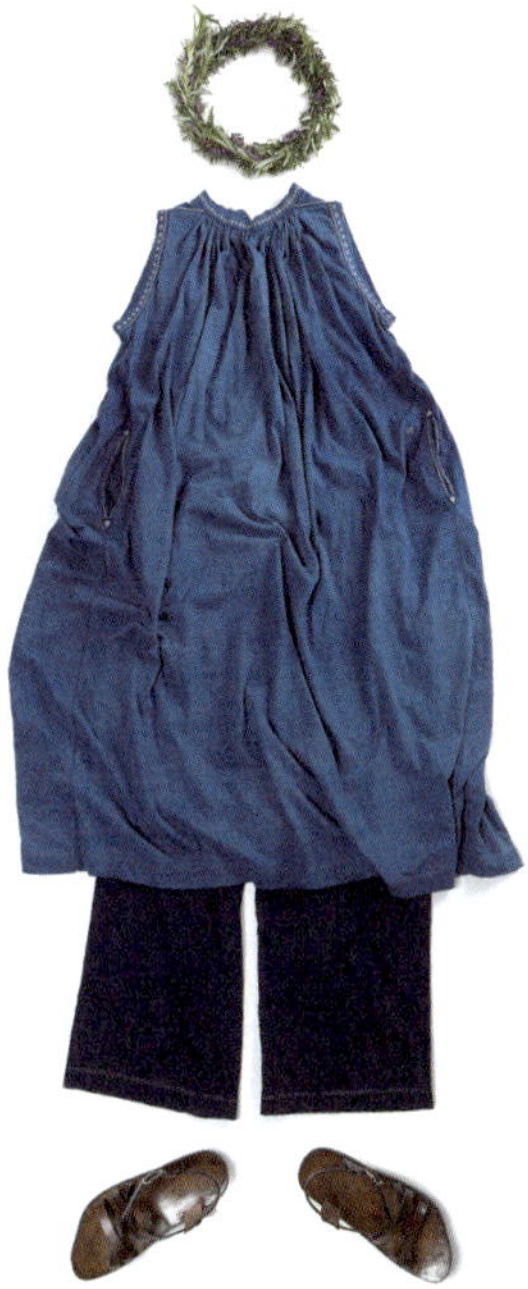

6/ SUN 28

ヴィンテージエプロンがモチーフの
チェックのトップスで職人さん気分

6/22 MON, しなやかなガーゼのワンピースは、表がインディゴベースの大きなチェック、裏はギンガムチェックのリバーシブル。１枚で２枚分楽しめます。袖はやや短めですが、あえて折り返して裏地を見せて。6/23 TUE, かたくなりがちなジャケットとパンツのセットアップも、リネンデニムならきちんと感がありつつもソフトな印象。パールでエレガンスをプラスして。6/24 WED, ボートネックのトップスは裾の２本のラインがアクセント。ひざ下丈のボックスプリーツスカートを合わせてクラシカルな雰囲気にまとめます。6/25 THU, ドレスシャツの生地にも使われるジンバブエコットンのワンピースは、首元と袖ぐり、ポケットにあしらわれた刺しゅうがポイント。ボトムは同素材ですが、一段濃い色のワイドパンツで引き締めます。6/26 FRI, A ラインのストライプ柄トップスに、ヒッコリーの濃淡でスカートとパンツを重ねて。バッグや「スタブス＆ウートン」の靴までストライプで統一します。6/27 SAT, インディゴバンダナ柄で抜染したブラウスは、柄のインパクトはもちろん、すっきりとしたネックラインも魅力です。6/28 SUN, “職人”の仕事とスタイルに憧れます。イメージはパン職人、あるいはお菓子職人かしら？

6/29 MON

全身白のコーディネートは
ブルーのバッグを差し色にして

白トップスに白ボトムは間違いなく決まる組み合わせ。ハッと目を引く印象的な着こなしです。6/2（P.142）のタートルと色違いの白に、コットンのワイドパンツを。白は膨張して見えがちなので、バッグの強い青で引き締めます。

タートルニット／45R
パンツ／45R
サングラス／ヴィンテージ
バッグ／ジャクソンズ
スニーカー／コム デ ギャルソン

Note　このバッグは、4/5（P.101）のバッグと同じ。5/29（P.136）と色違いです。

6/30 TUE

ブルーのストライプシャツに白のパンツでさわやかに

しなやかでハリのあるコットンのストライプシャツでエレガントに。シャツが好きなのは、こんなふうに裾を出し、ボタンを上まで留めてアクセサリーをするだけで、かしこまった感じに決まるから。袖はロールアップして抜け感を。

シャツ／45R
パンツ／45R
ネックレス／ミキモト
靴／グッチ

Note 4/1(P.099)と同じように、180番手の糸を3本撚った三子糸で織り上げたシャツ。しなやかさが格別。

夏到来！ 重宝するのは
きちんと感のあるノースリーブ

上半身がスリムにコンパクトに見えるノースリーブは
全体のバランスがとりやすいので、誰もがおしゃれになれます。
品よく着こなすポイントは、肩がボックス型のものを選ぶこと。

7

OUTFIT IDEAS FOR July

7/1 WED

使い込まれてなお美しい。そんなデニムに惹かれます

左がアメリカのインディゴ染め、右がヨーロッパの藍染めデニムです。

使い込まれてなじんだ感じの藍の色が好きで、昔の藍染めのヴィンテージを何枚も集めています。１９９１年に初めてデニムを作ろうとしたとき、お手本にしたのがこれらのヴィンテージです。同じインディゴブルーでも、日本やアジア、ヨーロッパでは、たで藍やウォードと呼ばれる天然の藍で染めているのに対し、アメリカでは化学染料（インディゴ）で染めています。アメリカのヴィンテージデニムの中でも、私が好きなのは純粋な藍の色に近い緑がかった青のもので、その色が経年により、着る人によっても変化して、色褪せてもなお美しい。それが、私が藍やインディゴに惹かれる理由なのです。

Note　いつも「ミツバチのあれ」と呼んでいる、ネットのついた養蜂家の作業着が特にお気に入りです。

後ろボタンなので前はすっきり。後ろにふわりと広がるシルエットがフェミニンなトップスは、藍で染めた和紙で織ったツイードです。ざっくりとした風合いながら、とても軽やか。ヒップラインがきれいな太めのデニムと合わせます。

トップス／45R
デニム／45R
眼鏡／パリで購入
イヤリング／45R
時計／オメガ
靴／グッチ

Note　東京・南青山にある「Badou-R本店」では、素材や型、加工が選べるデニムのセミオーダーもできます。

7/2 THU

ポロシャツもパールで上品に

「ラコステ」のスリムフィットのストレッチポロシャツは5つボタンでスタイリッシュ。エレガントな小物とも相性抜群です。しなやかなベージュのパンツで女性らしく。

ポロシャツ／ラコステ
パンツ／45R
ネックレス／ミキモト
スカーフ／ニューヨークで購入
ベルト／エルメス　靴／グッチ

7/3 FRI

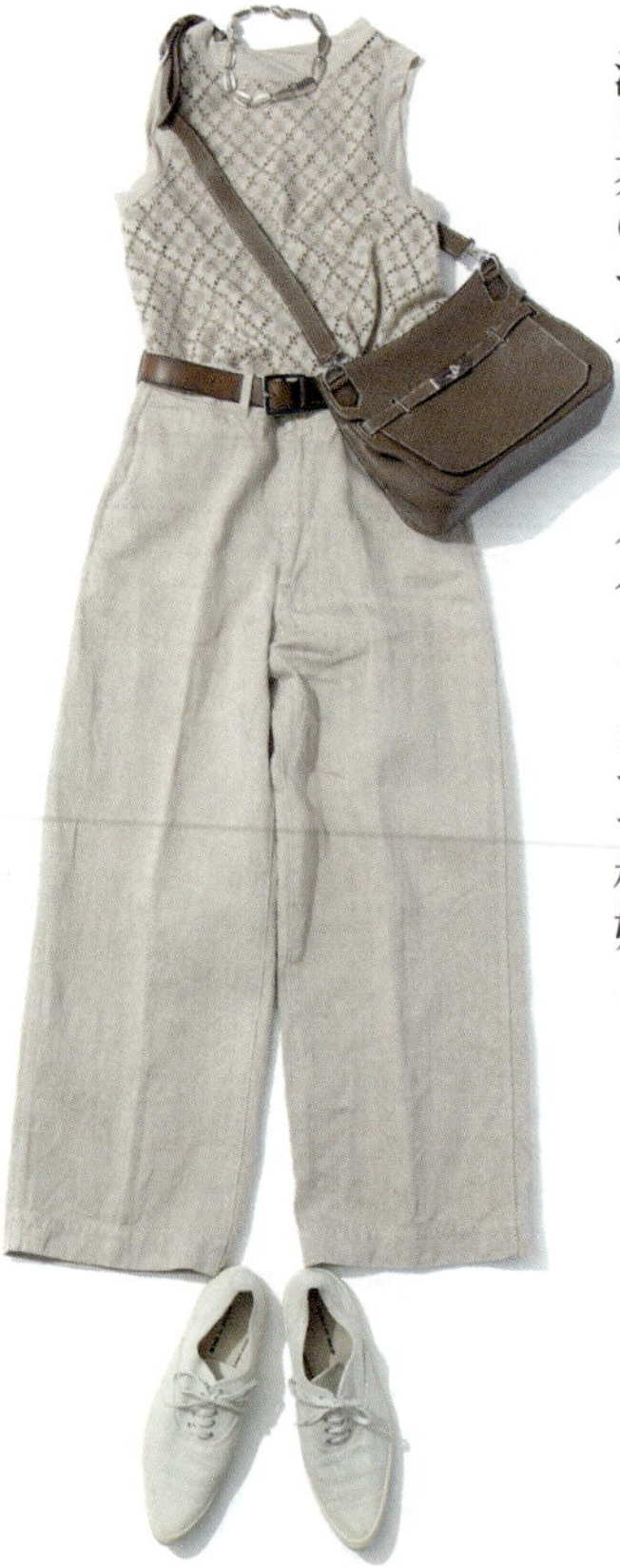

濃い茶のベルトとシルバーアクセで格好よく

前日と同じボトムにベージュのトップスを合わせたワントーンコーディネート。濃い茶のベルトで引き締め、シルバーのネックレスとバッグで品とクールさを加えます。

トップス／45R
パンツ／45R
ネックレス／ヴィンテージ
ベルト／ヴィンテージ　バッグ／エルメス
スニーカー／コム デ ギャルソン

Note　ワークパンツをお手本にしたストンとしたシルエットのパンツは、どんな着こなしにも合います。

7/4 SAT

周囲の反応がおもしろくて、たまに赤を着たくなります

赤を着て会社に行くと、みんながざわつきます(笑)。さらりとした着心地のコットンニットは夏の定番。ボトムはシンプルにチノパンと。スカーフで華やかさをプラス。

ニット/45R
チノパン/45R
スカーフ/エルメス
サンダル/シルヴァーノ・ラッタンツィ

7/5 SUN

フリルブラウスはシンプルに着こなすのが一番

つやのあるシルクのフリルブラウスも藍染めなら甘すぎません。ストンとしたシルエットのソフトなデニムは夏らしく明るめのトーンで。足元は白×青で抜け感を。

ブラウス/45R
デニム/45R
靴/グッチ

7/6 MON

白シャツもノースリーブに。
白ジョッパーズで颯爽と

7/7 TUE

夏のワンピースは
黒ボトムを味方にして

7/10 FRI

ストライプのサファリシャツで
ハンサムな着こなしに

7/11 SAT

レースや刺しゅうは
それだけで気分が上がります

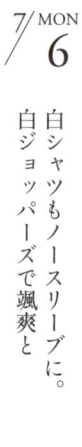

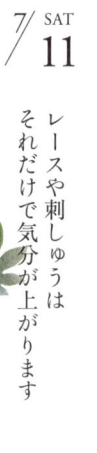

7/8 WED

ドライなベージュでまとめた
都会のサファリスタイル

7/9 THU

ノスタルジックな雰囲気の
ブラウスでロマンティックに

7/12 SUN

レトロなエプロンワンピースで
たまには家で料理を

7/6 MON, 週のスタートは気持ちよく。月曜日はノースリーブシャツとジョッパーズパンツの、凛としたオールホワイトのコーディネートで。足元はパイソンレザーに花柄をプリントしたスリッポンで華やぎをプラス。7/7 TUE, リネンツイードのワンピースは、フレアシルエットが上品な印象。黒のパンツに重ねて引き締めます。7/8 WED, トップスがコンパクトなので、あえてオーバーサイズのチノパンをロールアップしてこなれた感じに。鮮やかな色使いのストールを効かせます。7/9 THU, 白いレースの襟がついたトップスは、クラシカルで清楚な雰囲気。シルクのスカートに「フェンディ」のバッグを。そこにきれいめシューズを合わせると甘くなりすぎるので、あえてスニーカーではずします。7/10 FRI, ドライタッチのコットン100%のサファリシャツは、開襟のデザインがレトロな趣。このシャツのストライプ柄が好きで、ワンピースも持っています。7/11 SAT, フラワーモチーフの刺しゅうとカットワークがフェミニンなノースリーブトップスに、ジャカードのストレートパンツを組み合わせてシックに。7/12 SUN, 2種類のチェック柄をパッチワークにしたリネンのワンピース。ジョッパーズパンツとレイヤードして軽快に。

なめらかな肌ざわりの120番手双糸の天竺チュニックは、リラックス感がありながらも上品。袖ぐりはタイトすぎず、ルーズすぎず、腕を上げるときも気になりません。綿麻のワイドパンツとセットアップにすると、エレガントなシルエットに。

トップス／45R
パンツ／45R

Note　120番手双糸天竺とは、120番手の細い糸を2本撚り合わせて編んだ生地で、きめ細かくしなやかな質感が魅力です。

7/13 MON

メンズシャツに憧れて、男性用ナイトウェアを愛用しています

左はパリの「シャルベ」の紳士用パジャマ、右はロンドンの「ターンブル&アッサー」のバスローブ。

メンズシャツのクラシカルな仕立てが好きで、上質なシャツで知られるヨーロッパの老舗のナイトウェアを愛用しています。ひとつは、ロンドンの「ターンブル&アッサー」のバスローブ。コットン100%の薄手の生地は、光沢とハリがあり、イギリスらしい折り目正しさがありながら、赤のパイピングがチャーミング。そして、もうひとつがパリのシャツメーカー「シャルベ」の紳士用パジャマです。ひざまであるロングシャツで、シャツ同様に上質でシンプル。ほどよく肩の力が抜けていて、だからこそシック。実は寝るときはTシャツにスウェットパンツなので、シャツワンピースとして愛用しています。

Note 「ターンブル&アッサー」は1885年創業、「シャルベ」は1838年創業です。

7/14 TUE

風合いの違うリネンを合わせるとこなれた感じに

ソフトでなめらかな肌ざわりのリネンブラウスに、ざっくりとした素朴な風合いのヘンプのパンツ。同じリネンでもニュアンス違いでコーディネートすると深みが出ます。

ブラウス／45R
パンツ／45R
バッグ／アメリカ・エルパソで購入
靴／グッチ

7/15 WED

ネイビーに黒を合わせてスタイリッシュに

カットワークレースがフェミニンな雰囲気の藍染めのブラウス。ボトムを黒にすると大人っぽく洗練された印象になります。ワイドシルエットで女性らしく。

ブラウス／45R
パンツ／45R
帽子／高島屋で購入
靴／チャーチ

7/16 THU

柄トップスは白ボトムですっきりと

一枚でもサマになるフレアシルエットのノースリーブ。落ち着いた色味のペイズリー柄なので、シックに着こなせます。白のワイドパンツでさわやかに。

トップス／45R
パンツ／45R
サンダル／シルヴァーノ・ラッタンツィ

7/17 FRI

知人アーティストの展覧会のオープニングへ

シルクのような光沢感のあるコットンサテンのワンピースは、胸元と背中のふっくらとした刺しゅうがアクセント。きれいなAラインで、細見え効果があるのも嬉しい。

ワンピース／45R
帽子／髙島屋で購入
バッグ／フェンディ
サンダル／グッチ

7/ SAT 18

チュニックにはワイドパンツ。デニムでカジュアルに

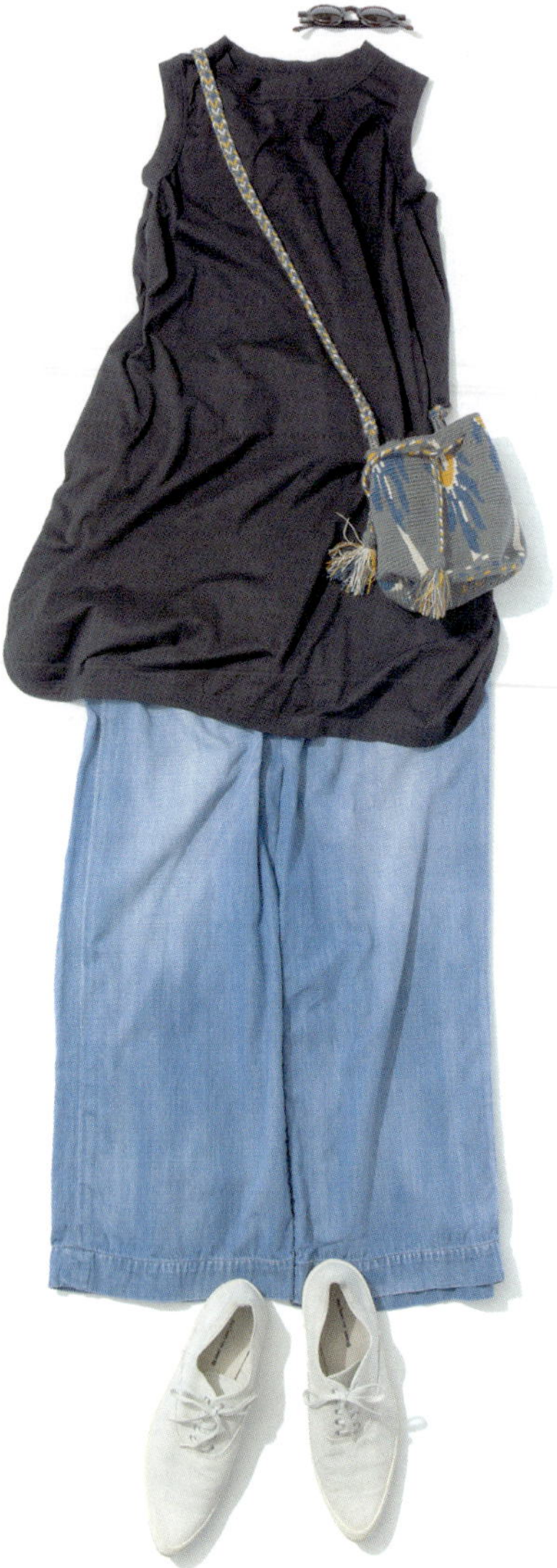

7/13（P.166）と同じチュニックに色落ちしたワイドシルエットのデニムを合わせ、白スニーカーでカジュアルダウン。斜めがけにしたカラフルなポシェットは、グアテマラの民族衣装の生地で編んだもの。クラフト感をスパイスに。

トップス／45R
デニム／45R
サングラス／レイバン
バッグ／クリムゾンで購入
スニーカー／コム デ ギャルソン

7/19 SUN

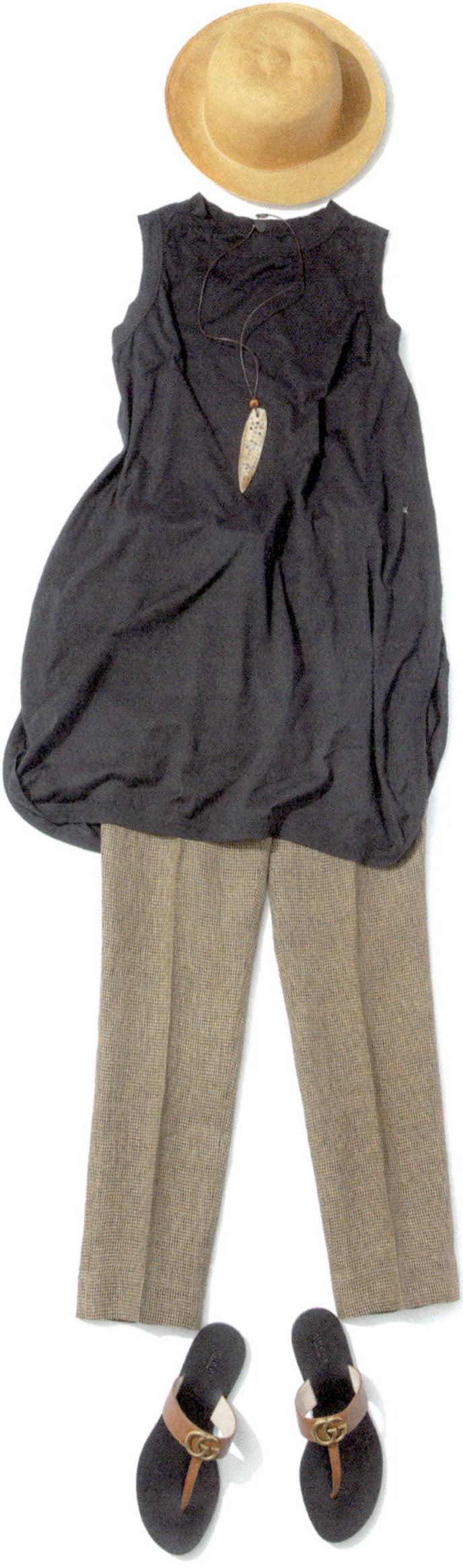

細ボトムを合わせるときは きれいめパンツでエレガントに

チュニックにスリムボトムを合わせると、カジュアルに転びがちなので、4/15（P.107）と同じセンタープレスパンツで品よくまとめます。黒と茶の色合わせがシック。小物も茶で統一し、光ものはサンダルのバックルだけにとどめます。

トップス／45R
パンツ／45R
帽子／オールド イングランド
ネックレス／アンリークイール
サンダル／グッチ

Note　ツイードのパンツはリネンなので、きちんと感がありながらも涼しくてはき心地も抜群です。

7/20 MON

ノースリーブシャツにリネンパンツで
リラックスしたエレガンススタイル

7/21 TUE

ボヘミアン調のフリンジと
ラフなダメージデニムが好相性

7/24 FRI

サファリテイストのワンピースは
ハードなベルトでメリハリを

7/25 SAT

色のトーンを揃えれば
柄×柄でもきれいにまとまります

7/22 WED

クラシカルなツイードのベストを
ホワイトデニムでさわやかに

7/23 THU

シンプルなTシャツワンピースを
エキゾチックに着こなして

7/26 SUN

リゾートにぴったり。
ブルーに茶を効かせた上品スタイル

7/20 MON, ピンタックがアクセントのチュニックは、タキシードシャツがお手本だけに、きちんと感があります。リネンのワイドパンツを合わせても、足元をレースアップシューズで引き締めれば、カジュアルになりません。7/21 TUE, ベースはトラッドなヘリンボーン柄のツイードベストですが、Vゾーンが深く、襟と袖ぐり、裾のフリンジ使いがフォークロアシック。ヴィンテージ感あるワイドデニムと。7/22 WED, コットンとリネンで織ったツイードのベストは、後ろのリボンをあえて絞らず、ゆるやかなAラインを生かすと、女性らしい着こなしに。7/23 THU, シンプルなTシャツワンピースに、モロッコタイル柄のスリムパンツと民族柄のストールやスリッポンで異国情緒を重ねて個性的に。7/24 FRI, ふんわりとしたワンピースは太めのベルトでウエストマーク。ボタンを上まで留めてきれいめに。7/25 SAT, ツイードのボーダートップスは、エキゾチックなカラーリング。7/23と同じパンツで旅気分。7/26 SUN, 鳥の絵柄がかわいいジャカードのワンピースをさらりとデニムに合わせ、「シルヴァーノ・ラッタンツィ」のサンダルと白檀のネックレスで品よくまとめます。

7/27 MON

ネイビーには茶色を加えて深みをプラス

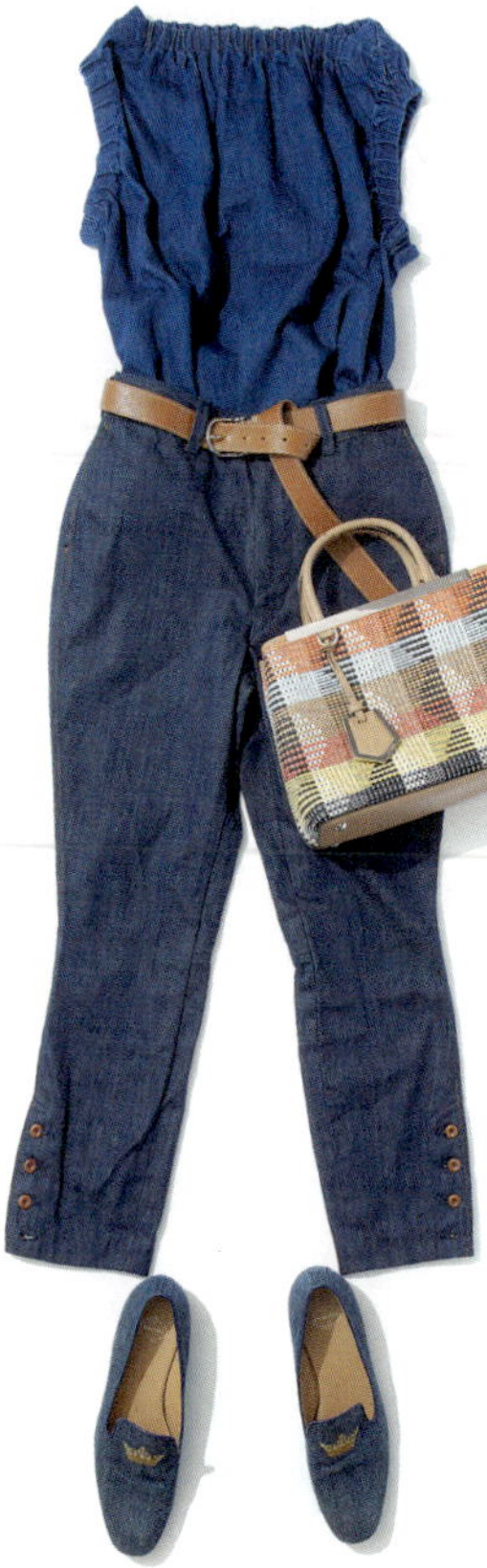

やわらかなデニムのトップスは、細かいギャザーがポイント。リラックス感がありながらイージーすぎず、ジョッパーズにインすればきちんとした印象にまとまります。

トップス／45R
ジョッパーズ／45R
ベルト／エルメス
バッグ／フェンディ
靴／チャーチ

7/28 TUE

ボーダーも茶のグラデーションなら落ち着きが

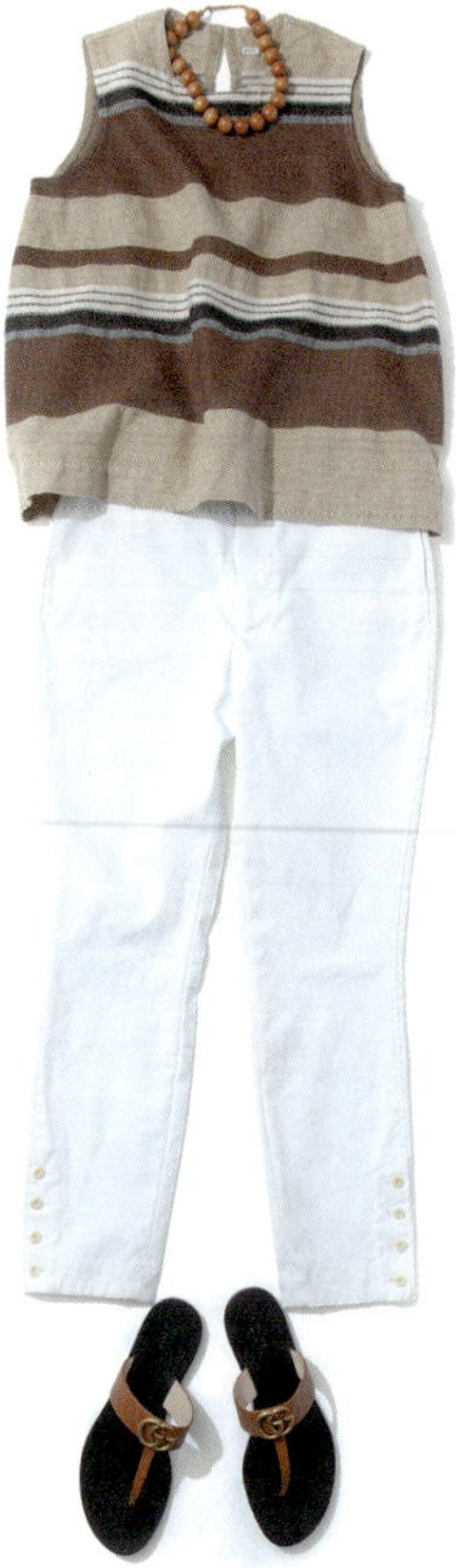

ラグをイメージしたツイードのボーダートップスは、茶の濃淡に差し色で白が入っているので抜け感があり、上品でさわやかな印象。ボトムにも白ジョッパーズを合わせて。

トップス／45R
ジョッパーズ／45R
ネックレス／45R
サンダル／グッチ

7/29 WED

心は海へ。少しだけマリンテイストをプラスして

もともとすっきりしたタイプのサロペットですが、ベルトでウエストマークすることで、裾に向かって広がるシルエットがより強調されて、きれいめに着こなせます。

サロペット／45R
スカーフ／ニューヨークで購入
ベルト／ヴィンテージ
バッグ／JSAF
スニーカー／コム デ ギャルソン

7/30 THU

シンプルで繊細なカットレースがエレガント

ポプリン生地のチュニックにスリムボトムで、シックなブラックコーディネート。白檀のネックレスやレザーのサンダルなど、上質感のある小物を合わせて。

トップス／45R
パンツ／45R
サングラス／ヴィンテージ
ネックレス／45R
サンダル／グッチ

Note 会社にヨット部があるので、夏になるとセーリングも楽しみのひとつです。

7/31 FRI

7/1（P.161）と同じツイードトップスに、プリーツスカートで女学生気分。とはいえ、コットンツイルなので甘くなりすぎず、足元をオーセンティックなコンビローファーに、襟元に白檀のネックレスでシックにまとめます。

トップス／45R
スカート／45R
ネックレス／45R
靴／カルミナ

Note コットンツイルは、織り目がななめになった綾織物で、手ざわりがよくシワになりにくいのが特徴。デニムもツイル素材です。

いつまでも心は少女。
プリーツスカートは永遠の憧れです

暑くてもご機嫌でいたいから
真夏は毎日Tシャツで堂々と！

「Tシャツ＝カジュアル」というイメージがあるかもしれませんが、
素材やシルエットを吟味し、小物をうまく使えば、
格好よく、女らしく着こなすことができます。

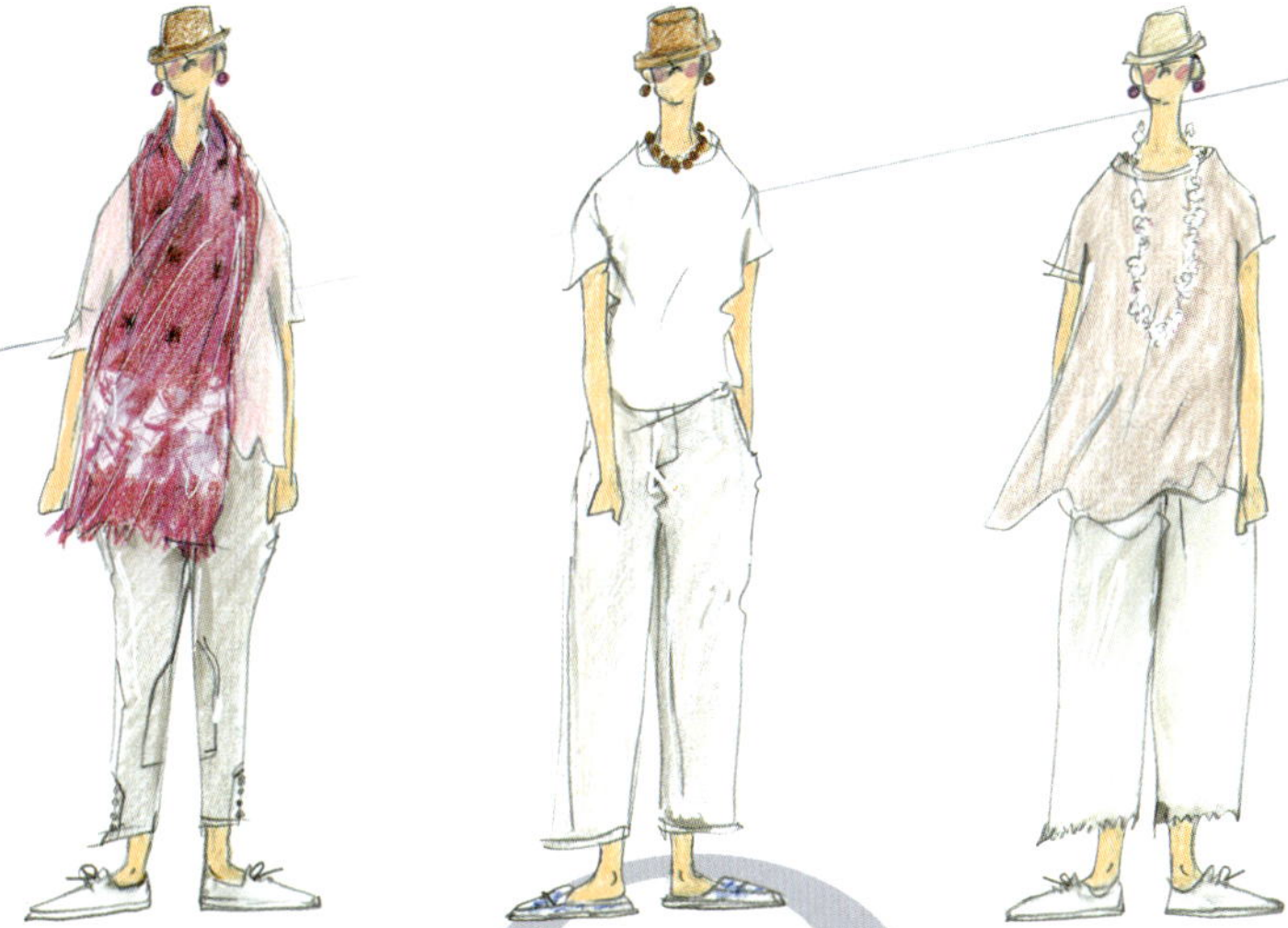

OUTFIT IDEAS FOR

August

きちんと感のあるTシャツスタイルといえば、白いTシャツにホワイトデニムです。小物でアレンジできるので、どこへでも出かけて行けます。リネンのTシャツと麻のワイドデニムに花モチーフのアクセサリーと靴で華やかに。

Tシャツ／45R
パンツ／45R
ネックレス／ドーサ
バッグ／ハワイで購入
靴／グッチ

Note 買い物帰りにカジュアルなビストロでおいしいワインと食事を、そんな日に。

8/ SAT 1

たかがTシャツ、されどTシャツ

左からコットン、リネン（ベージュ）、リネン（白）、シルク、ギマ（ベージュ）、ギマ（黄）、超ガーゼ天竺（グレー）。

Tシャツを格好よく、女らしく着こなしたい。それは「45R」を始めた40年前からずっと変わらない考えです。シンプルなアイテムだからこそ、素材やシルエットにこだわり、一見同じようでも、糸や編み具合を変えながら、微妙に深化を続けてきました。基本のコットンも、糸の太さ違い、編み目の間隔違い、糸に加工を加えたものなど、それぞれニュアンスが異なり、それがリネンやシルクといった素材違いになればなおのこと。私が年中愛用しているのはコットンとシルクで、なめらかなシルクはエレガントに、洗いざらしのコットンはカジュアルに。真夏はシャリ感のある涼しげなリネンが活躍します。

Note　ギマコットンは天然のこんにゃくのりで加工した糸で編まれていて、麻のような風合いです。

コーディネートしやすいスタンダードな色と形がメイン

8/2 SUN

リネンスカートでリゾート気分

8/3 MON

インディゴTシャツはトラッドに

8/4 TUE

プリントTシャツでもフェミニン

8/7 FRI

アートなロゴプリントがクールです

8/8 SAT

リネンパンツで軽やかに

8/9 SUN

白×白ならロゴTシャツでも大人

8/12 WED

小物使いでカジュアルアップ

8/13 THU

白とブルーでさわやかに

8/14 FRI

シルクTシャツに白デニムで品よく

8/2 SUN, 白のリネンTシャツにリネンのスカートでハワイアンパーティへ。8/3 MON, コットンのインディゴTシャツをチノパンにイン。スカーフとコンビローファーできれいめに。8/4 TUE, 白クマのプリントTシャツも、ほどよく開いたネックラインなので子どもっぽくならない。黒のコットンリネンパンツとシルバーのアクセサリーでクールに。8/5 WED, プリントTシャツも薄い黄色ならシック。ざっくりとした麻のワイドパンツにインすれば大人っぽく決まります。8/6 THU, インディゴ染めのニットレースTシャツの透け感がフェミニン。あえてダメージデニムでカジュアルダウン。8/7 FRI, 光沢のあるシルクTシャツは、ブラウス感覚でデニムスタイルをドレスアップ。8/8 SAT, インディゴTシャツに麻のワイドデニム。シルクシャンタンのネックレスとメッシュベルトの2本使いでアクセントに。8/9 SUN, 細文字ロゴプリントのTシャツは、オーバーサイズを選んで太めボトムと合わせると格好いい。8/10 MON, ギマニットのレオパード柄Tシャツにリネンのパンツでライトなサファリルック。8/11 TUE, スカートと合わせてロゴTシャツをおしゃれに。ジンバブエコットンのTシャツは、ハリ感のあるプリーツスカートとも相性抜群。8/12 WED, トリコロールのクジラプリントがかわいい。太めのデニムに「シャネル」のバッグと「スタブス＆ウートン」のオペラシューズでエレガントに。8/13 THU, ブルーのコットンTシャツはクジラモチーフのプリントがチャーミング。8/10と同じリネンのパンツでリラックス。8/14 FRI, 光沢のあるしなやかなシルクTシャツに白デニム、白のドライビングシューズでお出かけスタイル。8/15 SAT, ダメージデニムもインディゴ染めTシャツならシャビーすぎない。8/16 SUN, インディゴ染めならではのなじみ感あるロゴプリントがポイント。ボトムは黒で引き締めます。

8/5 WED

ワントーンでシックに

8/6 THU

ニットレースの透け感が女性らしい

8/10 MON

レオパード柄で都会のサファリ

8/11 TUE

きれいめスタイルはロゴTではずして

8/15 SAT

週末はファーマーズマーケットへ

8/16 SUN

今日は自宅でゆるくストレッチ

フレアタイプやビッグシルエットなど、時には変化球も

8/17 MON

イタリア紳士の着こなしがお手本

8/18 TUE

ワンポイントTシャツでおもてなし

8/19 WED

ちょっと懐かしい70年代テイストで

8/22 SAT

ビッグTシャツはパジャマにも最適

8/23 SUN

ベージュならダメージデニムも上品

8/24 MON

プリーツスカートでクラシカルに

8/27 THU

ピンクのストールをアクセントに

8/28 FRI

大好きなベージュと水色の組み合わせで

8/29 SAT

胸元のコサージュが華やか

8/17 MON, フィレンツェの生地屋さんのご主人を真似して、ストライプシャツにTシャツを重ねてアスコットタイ風にスカーフを。8/18 TUE, ジンバブエコットンのTシャツにハチの刺しゅうがお茶目。ホワイトデニムに白のバブーシュ、デニムのエプロンでさわやかに。8/19 WED, ヒッピー風ボトムに合わせて同時代に大流行したスマイリーフェイスのネックレスを。8/20 THU, インディゴTシャツに、花柄とチェックの生地をパッチワークしたギャザースカートで少女のように。8/21 FRI, オーバーサイズのプリントTシャツは、バンダナとサングラスで小粋に。8/22 SAT, 通常の2倍の身幅があるインディゴ染めTシャツ。ゆったりシルエットでリラックスできます。8/23 SUN, ダメージデニムには色と素材にニュアンスのあるTシャツを。さわやかな水色のスカーフで品をプラス。8/24 MON, さらりとしたリネンTシャツにデニムのプリーツスカート、「カルミナ」のコンビローファーで、フレンチシックなスタイル。8/25 TUE, 8/1 (P.180) と同じコーディネートを白スニーカーでカジュアルダウン。「アンリークイール」のネックレスがアクセント。8/26 WED, クールなブルーのワントーンにビーズやターコイズのネイティブアメリカンジュエリーがインパクト大。8/27 THU, 光沢感のあるリネンTシャツは、ゆとりのある形で体型をカバーしてくれるのも嬉しい。8/28 FRI, 少し身幅の広いボックスタイプのTシャツにリネンのワイドパンツが上品。スカーフの色もブラウンと水色で。8/29 SAT, プレーンなインディゴTシャツも、同色のコサージュでさりげなくエレガント。ワイドパンツは後ろがゴムなので、実はラクチン。 8/30 SUN, Tシャツとスウェットパンツのラインをグレーでリンクさせてシックに。8/31 MON, テントラインがエレガントなガーゼ天竺のフレアTシャツ。コットンリネンデニムのイージーパンツが涼しげ。

8/THU 20

ふんわりスカートで風を感じて

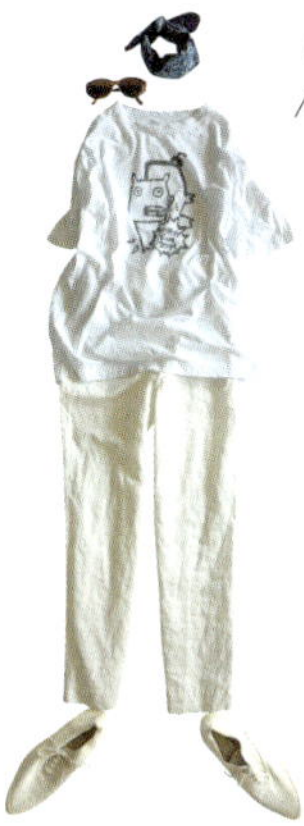

8/FRI 21

オーバーサイズで大人っぽく

8/TUE 25

白×白には刺し子のバッグを差し色に

8/WED 26

プリミティブなジュエリーを効かせて

8/SUN 30

今日も張り切ってウォーキング！

8/MON 31

ミルクティ色のフレアTがフェミニン

私の365日をつくるもの③

Mindset

おしゃれは、気から

いつも笑顔で、余裕綽々《しゃくしゃく》。そして常に前向きで、パワフルな井上さん。
そのエネルギーの源はいったい何ですか？

毎日7～8時間の睡眠と規則正しい生活が基本

元気の秘訣は何ですか？　とよく聞かれます。それは睡眠です。最低でも毎日7～8時間は寝ます。目覚まし時計を5時にセットして、ベッドに入るのが9時。テレビのニュースを見ているうちに眠りについていて、外が明るくなってくると目が覚めるから、起きるのは4時半くらい。起きて、散歩をして、仕事をして、家に帰って寝る。睡眠時間をしっかり確保するために、規則正しい生活を心がけています。変化球が苦手なので、土日だからといって朝寝坊はしません。休みの日のほうが、早く目が覚めるので、コーヒーを飲みながら、キッチンのカウンターに座り、時計を見ながら今日のスケジュールを書き出します。たと

引っ越しを機にベッドを替えて、ますます快眠です。

えば14時にジムに行くから、それまでに何時にあれをして、これをしてと逆算していくんです。仕事でも何でも、時間ギリギリというのが苦手です。「何日までに」といわれたら、前日には終わらせたい性格なので、時間を読んで早め早めに行動します。待ち合わせにも必ず早く着くので、時間が余ってしまいますが、遅れるよりはいい。余裕があるほうが気持ち的にラクなので、いつも落ち着いているように見えるんでしょうね。

ベースにあるのは「感謝」の気持ちです

精神的には常に高め安定で、落ち込むことはあまりありません。落ち込んでもしょうがない、前に進むしかない。後ろは振り向くな、というのが私のポリシー。そして、私のベースにいつもあるのが「感謝」の気持ちです。私が企画したものは、みんなの力があるからこそ形になる。感謝しかないんです。日頃から、よく「ありがとう」といいます。お茶を出してくれたら「ありがとう」、荷物を持ってくれたら「ありがとう」。そういうと、私自身も気持ちがいいですし、相手も周りも気持ちがいいと思うんです。

　きっかけは、まだ10代のころだったでしょうか。海外に行ったとき、現地在住の日本人女性が、ドアを開けてくれた人に対して「ありがとう」といったんです。海外で外国の方が「thank you」と軽くいうシーンの場合、日本人は「あ、どうも」となりますよね。ですから余計に「ありがとう」という響きが素敵だなと思って、以来何かをしてもらったときは「ありがとう」ということを意識するようになりました。今ではもうすっかり自分の身についています。

　そうやって、私はこれまで素敵だなと思う人の真似を繰り返してきましたし、今でもそうです。おしゃれはやはり勉強が必要です。それにはまず、おしゃれになりたい、素敵になりたいという気持ちが大事で、そう思っている人は、その時点ですでにおしゃれの一歩を踏み出しています。

　気持ちが前向きであれば、体は自然についてくるものです。病は気からといいますけれど、おしゃれも気から。おしゃれになりたいという気持ちを持ち続けることが大事です。

涼風を感じたら
さらりと秋をまとう

上旬はまだまだ暑さが続くとはいえ、季節を先取りするのも
おしゃれの醍醐味。秋の気配を感じたら、
色や素材、小物などで秋を感じるアイテムを加えて。

OUTFIT IDEAS FOR

September

9/1 TUE

薄手のタートルを取り入れれば一気に秋のムードに

薄いコットンのニットなのでパンツにインしてもすっきり。腰まわりがゆったりしたジョッパーズなら、ウエストマークでメリハリがつき、ブーツインで美脚にも見えます。最強の全身スリムコーディネートかもしれませんね（笑）。

タートルニット／45R
ジョッパーズ／45R
スカーフ／45R
ベルト／ヴィンテージ
時計／オメガ
ブーツ／エルメス

9/2 WED

ウールのきれいめパンツに合わせてさりげなくエレガントに

前日と同じニットをツイードのセンタープレスパンツで女性らしく着こなすときは、裾を外に出してしなやかさを強調します。ネックレスは白檀で。大好きな色合わせの“ネイビーと茶”で全身をまとめれば、上品な雰囲気になります。

タートルニット／45R
パンツ／45R
ネックレス／45R
靴／45R×スタブス&ウートン

Note 通年で使える基本アイテムの薄手タートル。リブではなくフラットな天竺編みなので、きちんと感があります。

9/3 THU

オールデニムでもパールがあればカジュアルすぎない

パフスリーブのブラウスを主役にしたデニム素材同士のコーディネートは、20年以上変わらない私の定番スタイルです。品を添えるパールネックレスもセットにして。

ブラウス／45R
デニム／45R
ネックレス／ミキモト
靴／チャーチ

9/4 FRI

ジャケットをはおってきちんとした印象に

前日の上下にジャケットをはおって、茶とブルーのツートーンコーディネートでシックにまとめます。カッチリしすぎないようスカーフとロングパールで女性らしさを。

ジャケット／45R
ブラウス／45R
デニム／45R
ネックレス／ミキモト
スカーフ／45R　靴／グラヴァティ

9/5 SAT

ふんわりしたビッグシャツでリラックス

休日はこんなスタイルで。ピンストライプのデニムがきれいめな印象のビッグシャツならくだけすぎず、ちょっと近所へ買い物にも出られます。

シャツ／45R
キャミソール／45R
デニム／45R
トートバッグ／アナトミカ
スニーカー／コム デ ギャルソン

9/6 SUN

白シャツとデニムには小物で秋をプラスして

4/1（P.099）に着ていたピンタックシャツに、裾が切りっぱなしのラフなストレートデニムを。スカーフのダークブラウンとグリーンでさりげなく秋色を加えます。

シャツ／45R
デニム／45R
スカーフ／45R
バッグ／45R
靴／チャーチ

Note 9/3〜9/6はすべて同じデニム！　トップスと小物でこんなに表情が変わります。

9/7 MON

ボリュームトップスには
ワイドシルエットが今の気分です

9/8 TUE

スカートにシャツを合わせるときは
ジャストサイズですっきりと

9/11 FRI

秋色のチェックジャケットを
シャツ感覚で軽やかに

9/12 SAT

スウェットトップスも
ツイードパンツならシックな着こなし

9/9 WED

甘めの白シャツだからこそ
デニムだけで潔く

9/10 THU

カジュアルなオーバーオールを
ウエストマークでメリハリよく

9/7 MON, 手紡ぎ手織りのカディのブラウスは、可憐なフラワー刺しゅうがアクセントです。あえて色落ちしたハードなワイドデニムとワークブーツを合わせて甘辛ミックスを楽しみます。9/8 TUE, オックスフォードシャツにピンストライプのスカートは正統派に着こなしたい。9/9 WED, 襟に繊細なカットワーク、胸にはピンタックをほどこした白シャツは、ストレートデニムでシンプルに着こなすのが一番です。9/10 THU, 子どもっぽくなりがちなオーバーオールも、インディゴブルーのパフスリーブTシャツならフェミニンでシックです。9/11 FRI, ネル素材のジャケットはソフトでしなやかな肌ざわり。コンパクトなシルエットなのでワイドデニムと相性抜群。パンツにインしてももたつきません。ベルトがわりにしたシルクのスカーフでひとさじのエレガンスを加えます。9/12 SAT, カジュアルなイメージのスウェットトップスも、襟のあき具合や袖のシルエットで女性らしい雰囲気。軽いはき心地のコットンリネンツイードのパンツで落ち着いた装いに。9/13 SUN, 上下デニムのコーディネートに大判スカーフを巻き、ビーズアクセサリーでエスニックな味つけを。太いミリタリーベルトでメリハリを効かせています。

9/13 SUN

いつものデニムスタイルを
スカーフ使いで大胆に

普段ロゴ入りの服を着ることはあまりないのですが、運動するときに着るとやる気が出ます。表地と裏地を違う色で編んでいるからニュアンスがあり、ネックラインも絶妙な開き具合なので、ビッグシルエットでもスタイリッシュな雰囲気です。

ビッグトレーナー／45R
スウェットパンツ／ルルレモン
帽子／ジェームスロック
スニーカー／ニューバランス

Note　毎朝、30分ほどウォーキングするのが習慣です。「ニューバランス」のスニーカーもブラウンで。

9/14 MON

ほっそり見える大人の女性のビッグトレーナー

ブランド名の由来でもある「REVOLUTIONS PER MINUTE」のロゴ入り。

1980年代に一世を風靡して、「45R（当時は45rpm studio）」が一躍世に知られるきっかけになったビッグトレーナー。往年のファンの方には懐かしいかもしれませんが、私にはあらためて、新鮮に映ります。昔は、女の子がメンズサイズを着ると華奢に見えてかわいいという感覚のカジュアルアイテムでしたが、40年を経た今、大人の女性が着てエレガントに、ほっそり見えるビッグサイズのトレーナーとして新たに作り直しました。少し横にあいたネックラインは首元をすっきり見せてくれ、身幅はたっぷりしていても肩まわりがコンパクトなのでスリムな印象。見た目のマジックは大事です！

Note 当時イメージしたのは、映画『ある愛の詩』でアリ・マッグローが着ていたロゴスウェットです。

9/15 TUE

マルチカラーのスカーフが一枚あると重宝します

カーキのカーディガンにガンクラブチェックのジョッパーズで、シャーロックホームズをイメージしたトラッドな装いに。マルチカラーのスカーフで華やかさをプラス。

カーディガン／45R
ジョッパーズ／45R
帽子／ハリスツイード
スカーフ／45R
ブーツ／エルメス

9/16 WED

カーディガンをボトムにインして知的に

前日と同じウールのカーディガンをチノパンにインしてウエストマークするだけで、ちょっと知的に見えませんか？　小物は茶系で統一して、シックに2色でまとめます。

カーディガン／45R
チノパン／45R
スカーフ／45R
ベルト／ヴィンテージ
バッグ／45R　靴／グラヴァティ

9/17 THU

ポンチョがあれば、すべてがうまくいく

メンズライクなストライプシャツとチノパンに、さらりとポンチョを重ねるだけでおしゃれな雰囲気に。これを“ポンチョマジック”と呼んでいます。

ポンチョ／クリムゾン
シャツ／45R
チノパン／45R
ネックレス／ミキモト
靴／グッチ

9/18 FRI

ピンストライプと水玉を重ねてクラシックに

メンズライクなピンストライプのウールパンツも、前日と同じポンチョと水玉スカーフでエレガントに。クラシックな白スニーカー、キャスケットでカジュアルダウン。

ポンチョ／クリムゾン
タートルニット／45R　パンツ／45R
帽子／ジェームスロック
スカーフ／45R
スニーカー／コム デ ギャルソン

9/19 SAT

大人のGジャンスタイルは足元で決まります

Gジャンは「リーバイス」の“セカンド”で、20代のころから愛用しているヴィンテージ。だからこそ、クリーンな白Tシャツと白デニムを合わせ、靴を上品なベルベットのローファーに。

Gジャン／リーバイス
Tシャツ／45R
デニム／45R
ネックレス／ミキモト
靴／グッチ

Note 服は3/5（P.078）と同じなのに、靴がベルベットになるだけでクラス感がアップします。

9/20 SUN

薄手のツイードジャケットなら
カジュアルにもしっくりなじみます

ツイードとはいえ軽やかに着られる薄手のものなら、Tシャツとデニムに寄り添い、ほどよくきちんと感も加わります。「シャネル」のチェーンバッグも気負わずラフに斜めがけで。

ジャケット／45R
Tシャツ／45R
デニム／45R
バッグ／シャネル
トートバッグ／アナトミカ
スニーカー／コム デ ギャルソン

Note　このジャケット、既刊『井上保美さんのクロゼットから』でもホワイトデニムと合わせていました。

9/21 MON

シューズの刺しゅうとリンクさせた
黄色いスカーフで華やかに

9/22 TUE

カットワークのボレロで
さわやかなお出かけスタイル

9/25 FRI

ロゴトレーナーも
ツイードパンツならシック

9/26 SAT

リネンシャツにアニマル柄パンツで
ちょっとした旅気分

9/WED 23

プレーンなボトムなら柄トップスも挑戦しやすい

9/THU 24

レイヤードするときは袖口をのぞかせるとバランスがいい

9/SUN 27

フードつきニットをはおって近所にお買い物へ

9/21 MON, カーキのフレアニットにガンクラブチェックのジョッパーズ。光沢のあるシルクのスカーフがあるだけで、顔まわりが明るくなります。9/22 TUE, カットワークがフェミニンなシャツボレロですが、カーキなら甘くなりすぎません。9/23 WED, ヘリンボーン、アーガイル、小紋柄をパッチワークしたゆったりシルエットのフレアトップスを主役に。スカーフを添えて柄 × 柄を楽しんで。9/24 THU, ヘンリーネックは、ともするとおじさんっぽい印象になってしまうので、インナーをタートルネックに、レーヨンパンツでつややかに。バッグに巻いたスカーフと白スニーカーで抜け感を。9/25 FRI, 9/14（P.196）と同じロゴ入りビッグトレーナーも、涼しくなったら下にタートルを重ねて。ヘリンボーンのツイードパンツをブーツインすれば、スラッと見えます。 9/26 SAT, テーパードのきいたすっきりシルエットなら、アニマルプリントのパンツもシックで大人っぽい。 9/27 SUN, 裾がリブでなく、ストンとした形の裏毛のスウェットパンツなら、フードつきニットやスニーカーと合わせても子どもっぽくなりません。小さく巻いたスカーフでおしゃれ感も忘れずに。

9/28 MON

おじさんアイテムのスウィングトップも白を合わせればきれいめに

スウィングトップはもともとゴルフ用に作られたショート丈のブルゾン。そんな無骨なアイテムをいかに女らしく着るかがポイント。白Tシャツに白デニムのホワイトコーデなら、間違いありません。焦げ茶のバッグをアクセントに。

ブルゾン／バラクータ
Tシャツ／45R
デニム／45R
ネックレス／ミキモト
スカーフ／45R　バッグ／45R
スニーカー／コム デ ギャルソン

Note　3年前にサンフランシスコのショップで「バラクータ」のスウィングトップに出会って以来、夢中です。

9/29 TUE

光沢のあるソフトなパンツでエレガントに着こなします

同系色コーディネートならチノパンが王道ですが、9/24（P.203）と同じ光沢のあるレーヨンパンツで華やかさをプラスします。スウィングトップは袖にややボリュームがあるので、たくし上げて着るとすっきり見えます。

ブルゾン／バラクータ
Tシャツ／45R
パンツ／45R
帽子／ジェームスロック
ネックレス／ヴィンテージ
靴／グッチ

Note 「バラクータ」は1937年に創業したイギリスのブランドです。

9/30 WED

ベージュのロングカーディガンを
はおるだけで身も心もリラックス

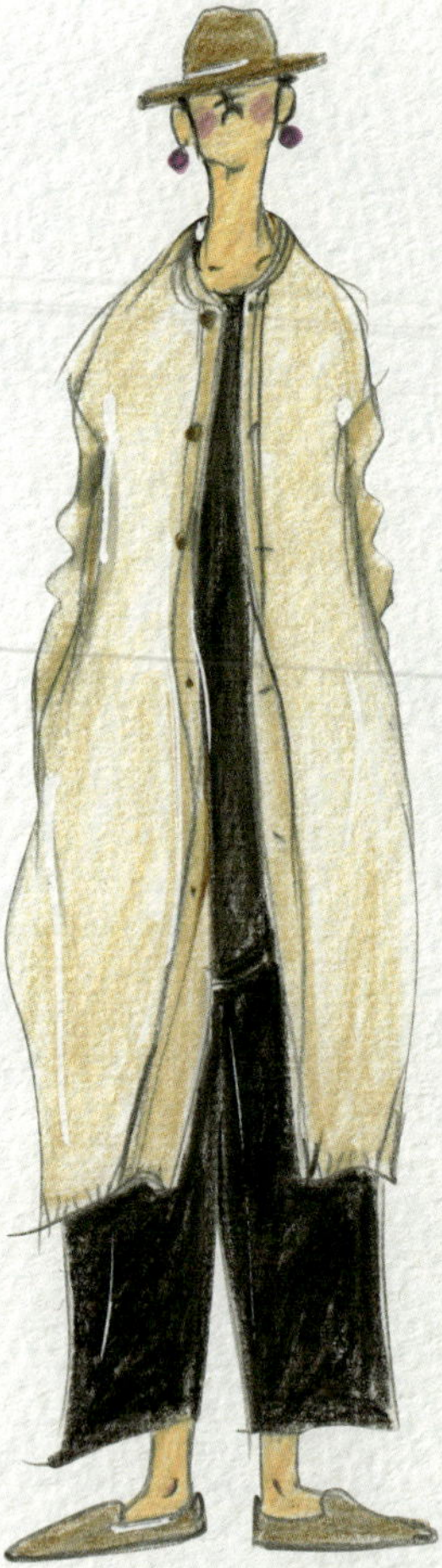

自宅で過ごすときは、ラクなスタイルが一番。大切にしているのが着心地です。7/13（P.166）と同じチュニックとワイドパンツはさらりとなめらかで、ロングカーディガンはカシミヤのような肌ざわり。やさしく包まれているようです。

ロングカーディガン／45R
トップス／45R
パンツ／45R

Note　ロングカーディガンは、部屋着でもエレガントな雰囲気に見えるので重宝します。

ちょっとクラシカルに。
カルチャーに親しむ秋

夜長の読書に映画、舞台や美術鑑賞……秋はカルチャーな気分です。
ツイードやタータンチェック、ロンドンストライプ……etc.
トラディショナルなモチーフの装いが、“文化の秋”気分を盛り上げてくれます。

OUTFIT IDEAS FOR

October

10/1 THU

シャツにニットベストを重ねて文学青年風

ブルーのストライプシャツにさわやかな水色のベストを重ねて、コットンツイードのジョッパーズを品よく着こなします。シャツの裾はベストから出して抜け感を。

ベスト／45R
シャツ／45R
ジョッパーズ／45R
眼鏡／オリバーピープルズ
靴／スタブス&ウートン

10/2 FRI

カシミヤのカーディガンを紺ジャケット感覚で

長めのカーディガンはボタンを留めてウエストをマーク。シャツの袖を出してこなれ感を。スカーフをネクタイのようにあしらえば、ハンサムな中に女らしさが香ります。

カーディガン／クリムゾン
シャツ／45R　チノパン／45R
眼鏡／ヴィンテージ
スカーフ／ニューヨークで購入
ベルト／エルメス
靴／45R×スタブス&ウートン

10/3 SAT

チェックのジャケットは白ボトムで軽快に

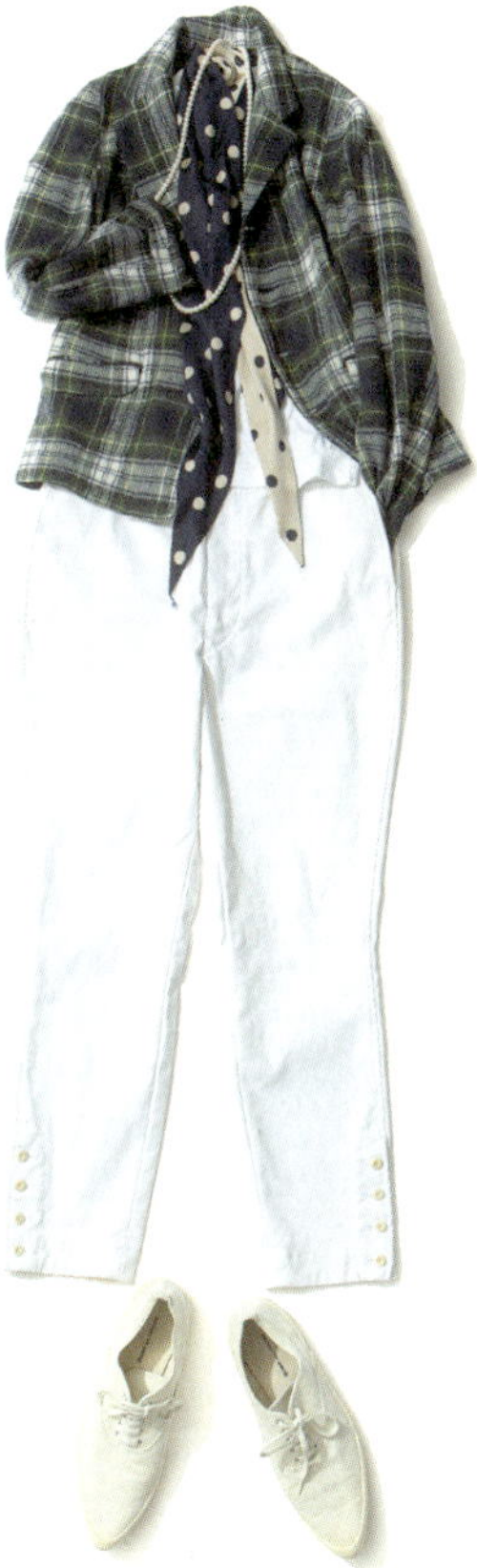

ふっくらとしたやわらかな素材感のタータンチェックのウールジャケット。シックなカラーリングなので、水玉のスカーフとロングパールでほんのりフェミニンをプラス。

ジャケット／45R
Tシャツ／45R
ジョッパーズ／45R
ネックレス／ミキモト
スカーフ／45R
スニーカー／コム デ ギャルソン

10/4 SUN

ネイビーのワイドパンツでクラシカルに

前日と同じジャケットをモールスキンのパンツにインして学生風に。ボタンを留めて襟を立て、パールのネックレスをすると首まわりがすっきりきれいに決まります。

ジャケット／45R
パンツ／45R
ネックレス／ミキモト
スカーフ／45R
ベルト／ヴィンテージ
靴／グッチ

Note モールスキンは厚みのある綿素材で、肌ざわりがやさしく温かみがあります。

10/5 MON

ツイードのジャケットに
少しだけ女らしさをプラスして

10/6 TUE

チェックのワンピースも
スモーキーな赤なら大人

10/9 FRI

ツイードのワイドパンツには
ふんわり甘いブラウスで

10/10 SAT

水玉スカーフとプリーツスカートで
気分はスクールガール

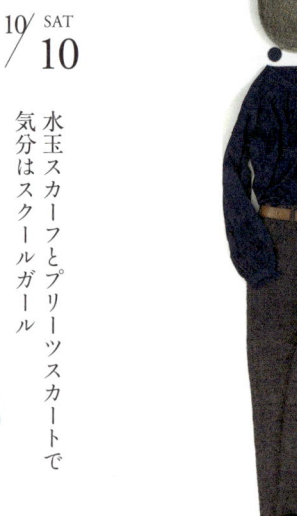

10/7 WED

きれいめなセットアップは
ベルトと足元でカジュアルダウン

10/8 THU

白のワントーンコーディネートは
色の濃淡と素材違いで立体感を

10/11 SUN

ボルドーを差し色にすると
おしゃれ感がぐんとアップ

10/5 MON, チラリとのぞかせたインナーのカットワークレースがさりげなくフェミニン。グレンチェックの水色とリンクさせ、ボトムはデニムのジョッパーズで。10/6 TUE, かわいらしい印象になりがちな赤いチェックのワンピースも、落ち着いたトーンなら大人っぽく着こなせます。「スタブス＆ウートン」のベルベットのオペラシューズで華を添えて。10/7 WED, ジャージーフラノのジャケットとボリュームスカートのセットアップは、襟元のレースがポイント。甘くなりすぎないよう、ハードなベルトとワークブーツではずします。10/8 THU, ニットはクリーミィな白でふっくらとしたシェットランドウール、ボトムは真っ白でパリッとしたデニム。ダークブラウンの小物を引き締め役に。10/9 FRI, インディゴのコットンツイードのワイドパンツはハンサムな雰囲気。ふんわりとした袖の藍染めカディのデニムブラウスで甘さを加えます。10/10 SAT, ピンストライプのトップスなら、プリーツスカートもかわいくなりすぎません。トップスは12/19（P.023）、スカートは7/31（P.176）と同じです。10/11 SUN, コットンツイードのジャケットにジョッパーズの定番の組み合わせも、帽子と靴をボルドーにすると新鮮。

カシミヤのセーターにリネンのパンツ。ブラウンの濃淡が上品なワントーンコーディネートに10/1、10/2（P.210）と同じストライプシャツの襟と袖をのぞかせて。ギャラリーめぐりは、足が疲れないローファーで。

ニット／クリムゾン
シャツ／45R　パンツ／45R
眼鏡／オリバーピープルズ
イヤリング／髙島屋で購入　時計／オメガ
バッグ／アンリークイール
靴／グッチ

10/12 MON

今、あらためて「グッチ」のローファーに夢中です

左から、レザーの白、今年購入したベルベットのネイビー、20年以上前のスウェードの赤。

1953年にメンズシューズとして登場して以来、マイナーチェンジを重ねてアップデートを続ける「グッチ」の定番、〝ホースビットローファー〟。丸みのあるトゥのクラシックなフォルムと足に吸いつくようなフィット感が気に入って、20年以上前からずっと履き続けている赤のスウェードは、もはやセルフヴィンテージです。そして最近また、あらためて「グッチ」のローファーに夢中です。当時を思わせる王道のスタイルが復活し、さらにはクリエイティブディレクター、アレッサンドロ・ミケーレならではの遊び心もあり、ワクワクさせられます。足元を旬の装いにすると、気分もおしゃれ度も上がります。

Note　レザーの白は、かかとを踏んでスリッパのようにも履けます。

10/13 TUE

しなやかジャケットでソフトな印象に

ストライプシャツにチノパンのトラッドスタイルも、やわらかいフラノジャケットなら着心地も軽やかで堅苦しくなりません。襟元のスカーフで光沢と品をプラスして。

ジャケット／45R
シャツ／45R
チノパン／45R
スカーフ／エルメス
ベルト／ヴィンテージ
スニーカー／コム デ ギャルソン

10/14 WED

ブルゾン感覚でラフなカーゴパンツと

ジャケットは大人のブルゾンだと思っているので、カーゴパンツに合わせるのもあり。ほどよく肩の力が抜けていて、頑張りすぎていないところがかえっておしゃれ。

ジャケット／45R
Tシャツ／45R
パンツ／45R
ワッペン／45R
靴／パタゴニア

Note 10/13のストライプシャツは、10/1、10/2(P.210)、10/12(P.214)と同じです。

10/15 THU

Aラインのワンピースは ブーツとベルトでスタイルアップ

何げないワンピースも、ロングブーツを履くだけでおしゃれに決まります。モスグリーンのコットンツイードのワンピースは、柄から一色とった茶のベルトでウエストをマークしてメリハリを。一段明るいトーンのバッグをアクセントに。

ワンピース／45R
ベルト／エルメス
バッグ／45R
ブーツ／エルメス

10/16 FRI

シェットランドニットの伝統柄のひとつ、フェアアイル柄のニットベストは、カラフルながらも落ち着いたトーン。同系色のガンクラブチェックのジョッパーズなら、シックな雰囲気に。シューズとスカーフのグリーンを差し色に。

ニットベスト／45R
ジョッパーズ／45R
帽子／45R
スカーフ／45R
バッグ／45R
靴／スタブス&ウートン

Note　フェアアイル柄は、スコットランドのシェットランド諸島のひとつ、フェア島の伝統柄です。

イギリスの伝統柄同士なら柄×柄でもきれいにまとまります

Note　羊の飼育から毛糸にするまで家族経営で手がける一家を訪ねて、シェットランド諸島まで行ってきました。

10/ SAT
17

しなやかなウールの紺ジャケットとジョッパーズでキリリと

きちんと感のある紺ジャケットと水玉のボウタイブラウスの組み合わせは、かしこまった印象になりがちですが、ウールジャージーなのでソフトなニュアンス。ジョッパーズでカジュアルダウンしているので、ほどよく上品にまとまります。

ジャケット／45R
ブラウス／MdN
ジョッパーズ／45R
ブーツ／タニノ・クリスチー

Note 水玉のボウタイブラウスは4/29（P.114）と同じです。

10/SUN 18

白のワイドパンツの日は ジャケットのボタンを留めてコンパクトに

前日と同じジャケットのボタンを留めると、シェイプしたウエストラインが強調されて、脚が長く見える効果が。襟を立ててパールをすれば、首まわりがタイトになってすっきりしますが、抜け感がなくなる分、袖をロールアップして。

ジャケット／45R
Tシャツ／45R　パンツ／45R
ネックレス／ミキモト
バッグ／アンリークイール
靴／グッチ

10/19 MON

グリーンのコートがあれば
シンプルな着こなしもこなれた印象

10/20 TUE

カッチリしたジャケットに
デニムとブーツでマニッシュに

10/23 FRI

ツイードのロングジャケットで
デニムの装いを上品に

10/24 SAT

カーキのステンカラーコートは
黒のインナーで辛口に

10/21 WED

男前のワークスタイルに
小物でひとさじの女らしさを

10/22 THU

今日は大事な会議の日。
気合を入れてキュッとネクタイを

10/25 SUN

ツイードジャケットのインナーに
ふんわりブラウスがこなれ感

10/19 MON, オックスフォードシャツと白デニムのベーシックな着こなしを、グリーンのコートで個性的に。ウエストをダークブラウンのメッシュベルトでメリハリよく。10/20 TUE, コットンツイードのピンストライプのジャケットに、あえてダメージデニムを合わせてカジュアルダウン。ピンタックシャツで品を加えます。10/21 WED, ざっくりした風合いのセーターとオイルドコットンのワークパンツ。パールのロングネックレスとスカーフでさりげなく品を加えます。10/22 THU, ちょっとダイアン・キートン風。ベルトでウエストマークして、裾と袖口をのぞかせるとバランスよくまとまります。10/23 FRI, ホームスパンツイードのジャケットは、華やかなブレードがアクセント。あえて「アンリークイール」の太ベルトとワークブーツでハードに仕上げれば、甘さと辛さがほどよいバランスに。10/24 SAT, 秋らしいカーキの綿ナイロンコートはリバーシブル。ディテールはワークっぽい雰囲気ですが、きれいなテントラインなので、シックなコーディネートにもぴったり。10/25 SUN, しなやかなツイードジャケットなら、スタンドカラーにギャザーの入ったふんわりシルエットの甘いブラウスもしっくりなじみます。ボトムはジョッパーズですっきりと。

Note 映画『アニー・ホール』の主演女優として知られるダイアン・キートンのメンズライクな着こなしが好きです。

10/26 MON

自宅でお客様をもてなす日は
ボリュームのあるスカートで

ハリのあるメンズのジャケット生地で仕立てたスカートに、カシミヤのセーターでおしとやかに。眼鏡のフレームは鼈甲《べっこう》、ネックレスは白檀、時計のベルトもクロコでブラウンで統一。大好きな茶と紺の組み合わせです。

ニット／クリムゾン
スカート／45R
眼鏡／和光
ネックレス／45R
時計／オメガ

Note スカートは既刊『井上保美さんのクロゼットから』で着用していたものと同じです。

10/27 TUE

丸首カーディガンをジョッパーズで軽快に

キャメルのクラシカルで上品な丸首カーディガンも、白ジョッパーズでアクティブに。茶と白のツートーンに、ボルドーのオペラシューズをアクセントに。

カーディガン／クリムゾン
ジョッパーズ／45R
スカーフ／45R
靴／スタブス＆ウートン

10/28 WED

ツイードジャケットでデニムもフェミニン

デニムブラウスにワイドデニムを12/21（P.024）と同じツイードのフレアジャケットで女らしく。ベルベットのローファーがクラシックながらモードなスパイスに。

ジャケット／45R
ブラウス／45R
デニム／45R
帽子／45R
スカーフ／ドレイクス
靴／グッチ

Note 「ドレイクス」は、「アクアスキュータム」のアクセサリー部門のデザイナーだったマイケル・ドレイクが設立したブランド。

10/ THU
29

図書館で調べものをする日のリラックススタイル

前身頃はカーキ、後ろ身頃はブラウンのリブ、袖はグリーン。一枚でいろんな表情が楽しめるカーディガンに9/12（P.194）と同じツイードのワイドパンツを。

カーディガン／45R
パンツ／45R
眼鏡／オリバーピープルズ
ワッペン／45R
靴／45R×スタブス&ウートン

10/ FRI
30

ブラックウォッチのジョッパーズで学生風に

ジョッパーズの柄から一色とったグリーンのノースリーブニットとシューズをコーディネート。ニットの上から太めのベルトでウエストマークしてメリハリを。

ニット／45R
ジョッパーズ／45R
帽子／45R　スカーフ／45R
ベルト／エルメス
バッグ／45R
靴／スタブス&ウートン

今、会社の女性スタッフにお茶を教えています。みんなが動画を撮影して私の所作を手本にするので、ちゃんとしなくちゃと思います。白地に小さな十文字が織り出された蚊絣の結城紬に大胆な更紗の袋帯をふっくら二重太鼓に結んで。

着物／蚊絣の紬
帯／更紗
帯揚げ／三浦清商店
帯締め／道明

Note　蚊絣の紬は遠目には無地に見えるので、シンプルで着こなしやすい一枚です。

10/31 SAT

色合わせや柄合わせが着物の醍醐味です

左上から時計まわりに結城紬の絣にラオスのサロン、手紡木綿に花の和更紗、格子の伊兵衛織に熨斗目《のしめ》、品川恭子先生の友禅にインドネシアのサロン。

着物に帯をのせ、帯揚げと帯締めを添える。そんなコーディネート遊びを、着物の師匠でもある文筆家の清野恵里子さんとよくします。ご著書『清野恵里子の きものの愉しみ 帯あそび』（集英社）は私のバイブル。着物の醍醐味は、この「取り合わせ」の妙にこそあると思います。「掛け軸から色合わせを勉強するのよ」という清野さんから王道を学ぶ一方で、雑誌で拝見した原由美子さんの自由なスタイリングにも刺激を受けました。大胆な柄と柄、色と色を合わせて、一見ごちゃっとしているようで、実は緻密な計算があるからこそのかわいらしさ。

どちらの感覚も、今の私の洋服の着こなしに影響しています。

Note 異国渡りの布はエネルギーがあるので、そうした帯には伊兵衛織など強い着物が合うんです。

アウトドア気分の装いで
行楽シーズンを満喫

過ごしやすい気候のこの時期は、まさにお出かけにぴったり。
カジュアルで動きやすくてあったかい
ニットやアウターで、秋の行楽気分を味わいます。

11

OUTFIT IDEAS FOR

November

11/1 SUN

チロリアンジャケットを伝統柄で華やかに

アルプスのチロル地方の伝統的なウールジャケットとフェアアイル柄の組み合わせが新鮮。落ち着いたカラーリングなのでツイードのパンツを合わせてシックな装いに。襟元に水色のスカーフをあしらって品とさわやかさを加えます。

ニットジャケット／45R
パンツ／45R
スカーフ／45R
ブーツ／ダナー

11/ MON 2

懐かしい雪柄ビッグニットで心はスキー場へ

レトロなイメージのノルディック柄ニットも、胸元に雪柄をひとつだけ大胆にあしらったものなら、洗練された佇まいに。ビッグシルエットだから、前日と同じツイードパンツをブーツインして、下半身をすっきりまとめて。

ニット／45R
パンツ／45R
ブーツ／エルメス

Note ノルディック柄は冬の定番柄。これを着るだけでアウトドア気分が盛り上がります。

11/ TUE
3

前身頃と袖は色違い、後ろ身頃がリブ編みになったクレイジーパターンのオフタートルニット。ベージュのウールスウェットパンツとのワントーンコーディネートは、ファーつきのキャップがアクセント。リラックス感の中に品も漂います。

ニット／45R
スウェットパンツ／45R
帽子／ジェームスロック
サングラス／ベレンフォード
靴下／45R
ブーツ／ダナー

Note 山のリゾートに似合います。ホテル内でリラックスしたり、高原のお散歩にも。

ファーがついたツイードの帽子が
カジュアルをちょっとクラスアップ

11/4 WED

自然の中でのロケはまさにこんな感じです

ビッグトレーナーとナイロンパンツのラフスタイルも、ツイードベストならくだけすぎません。裏地のボアがツイードとカジュアルアイテムをうまくつないでくれます。

ベスト／45R
ビッグトレーナー／45R
パンツ／45R
靴／パタゴニア

11/5 THU

ツイードベストでサロペットをスタイルアップ

グレンチェックのサロペットに、前日と同じツイードベストを同系色で重ねれば、上半身にボリュームが出て下半身もすっきり。ベストはリバーシブルで着られます。

ベスト／45R
サロペット／45R
Tシャツ／45R
トートバッグ／アナトミカ
ブーツ／ダナー

Note　ベストの表地のツイードはシェットランドニット。力強さと素朴な色が魅力です。

11/ 6 FRI

ビッグトレーナーをスカートでフェミニンに

11/4と同じビッグトレーナーを、ヒッコリーのスカートにインしてベルトをすると、すっきり感が。女性らしいネックラインがよりいっそう強調されます。

ビッグトレーナー／45R
スカート／45R
帽子／ジェームスロック
ベルト／ヴィンテージ
ブーツ／エルメス

11/ 7 SAT

ボアベストはジョッパーズですっきりと

肩がキュッとコンパクトで、裾に向かってゆるやかに広がるAラインのベスト。裏地のボアを表にして着ると、ボリュームはありながらもすっきりきれいめに着られます。

ベスト／45R
タートルニット／45R
ジョッパーズ／45R
スカーフ／45R
バッグ／45R
ブーツ／ダナー

Note 11/7のベストは11/4、11/5(P.236)と同じです。

どこか懐かしい風合いのざっくりとしたリネンのニットは、ゆったりとしたネックラインや裾の長めのリブがリラックス感たっぷり。しなやかで肌ざわりのよいスウェットパンツとのコーディネートなら、機内でも快適に過ごせます。

ニット／45R
スウェットパンツ／45R
サングラス／ベレンフォード
バッグ／ハワイで購入
スーツケース／グローブ・トロッター
スニーカー／ニューバランス

Note　このざっくりニット、『大人になったら、着たい服 2014春夏』の表紙で着用したものと同じものです。

11/8 SUN

旅にはスウェットとストールが欠かせません

スーツケースは「グローブ・トロッター」。パッキングには「マイスタイルバッグズ」のポーチが活躍。

ほぼ毎月のように出張があります。国内だけでなく、支店のあるニューヨークやパリ、ハワイに年2回ずつ、それ以外も合わせると、1年のうち2か月は海外です。出張や旅行の移動のときは、トップスはTシャツやニット、ボトムはスウェットパンツが基本です。カジュアルなアイテムこそ、風合いにはこだわります。いい素材の仕立てのいいものは見た目も着心地もよく、体にも負担がないですから。

旅先に必ず持っていくものといえばストールです。機内やホテルでの温度調節はもちろん、会食のときなど、シンプルな洋服にはおるだけで華やかになる、きれいな色柄のものを一枚必ずトランクに入れていきます。

11/ MON 9

カジュアルなジャージー素材も
リブポンチョでお出かけ仕様

11/ TUE 10

デニムのシャツに
ツイードTシャツをレイヤードして

11/ FRI 13

旅気分でパン屋さんをめぐれば
それも行楽のうち

11/ SAT 14

ツイードのワンピースは
カーキの小物で辛口のスパイスを

11/11 WED

ミリタリーなナイロンスカートを
ジャケットで品よく

11/12 THU

キルティングジャケットに
コーデュロイパンツで寒さ知らず

11/9 MON, ジャージーのような素材感のフラノのタートルニットとカーゴパンツをサックスブルーのリブポンチョと手袋、ブーツでエレガントに。11/10 TUE, いろいろな糸をミックスして織ったホームスパンツイードのTシャツは、毛布のようなフリンジがアクセント。足元をブラウンでリンクさせます。11/11 WED, 暖かいキルティングスカートはアウトドアの必須アイテム。ジャージーフラノのジャケットをウエストマークしてボリューム感を抑え、メリハリよくきれいめに。11/12 THU, インディゴ染めのキルティングジャケットにコーデュロイのワークパンツ。ネイビーと黒の色合わせでシックにまとめます。藍染めのスカーフをジャケットとリンクさせて。11/13 FRI, クリームイエローの薄手ニットにネイビーのニットベストをポンチョのように。光沢のある別珍のスリムパンツでさりげなく上品に。11/14 SAT, やわらかなベージュがやさしい印象のチェックのワンピースはネックラインとAラインがエレガント。甘くなりすぎないよう小物はカーキで。帽子とリュックは雨風に強い素材です。11/15 SUN, 白のパーカと白のスウェットパンツをインディゴブルーのミリタリージャケットでクールに。ウエストのベルトをキュッと絞ると格好よく着こなせます。

11/15 SUN

メンズライクな
ミリタリージャケットをさわやかに

11/16 MON

リラックス感のあるざっくりニットも月曜日は気を引き締めてベルトをキリリ

ガンクラブチェックのジョッパーズにニットジャケットをウエストマークしてメリハリよく。ブラウンのワントーンでまとめると、カジュアルでも上品。首元にやわらかい素材があるだけでやさしい印象になるので、スカーフはマスト。

ニットジャケット／45R
ジョッパーズ／45R
スカーフ／45R
ベルト／ヴィンテージ
ブーツ／エルメス

Note ニットジャケットは、2/15、2/16（P.062〜063）と同じものです。

11/17 TUE

ヒマラヤ登山の案内人、シェルパに想いを馳せて

しなやかなコットンツイードのワンピースは胸元のレースアップがポイント。イメージソースは山の服ですが、ゆったりとしたAラインを生かしてチャーミングに。

ワンピース／45R
タートルニット／45R
帽子／パリで購入
スカーフ／45R
ブーツ／ハンター

11/18 WED

同素材のジョッパーズでクライマー風

前日と同じワンピースに同素材のジョッパーズとベルトを合わせると、どこかアドベンチャーな香りがします。クラシカルな冒険家気分で、颯爽とスカーフをなびかせて。

ワンピース／45R
ジョッパーズ／45R
スカーフ／45R
ベルト／ヴィンテージ
靴／パタゴニア

Note 山の服には、衣服が担うべき本質があるような気がして刺激を受けます。

11/19 THU

デニムジャケットで軽快に

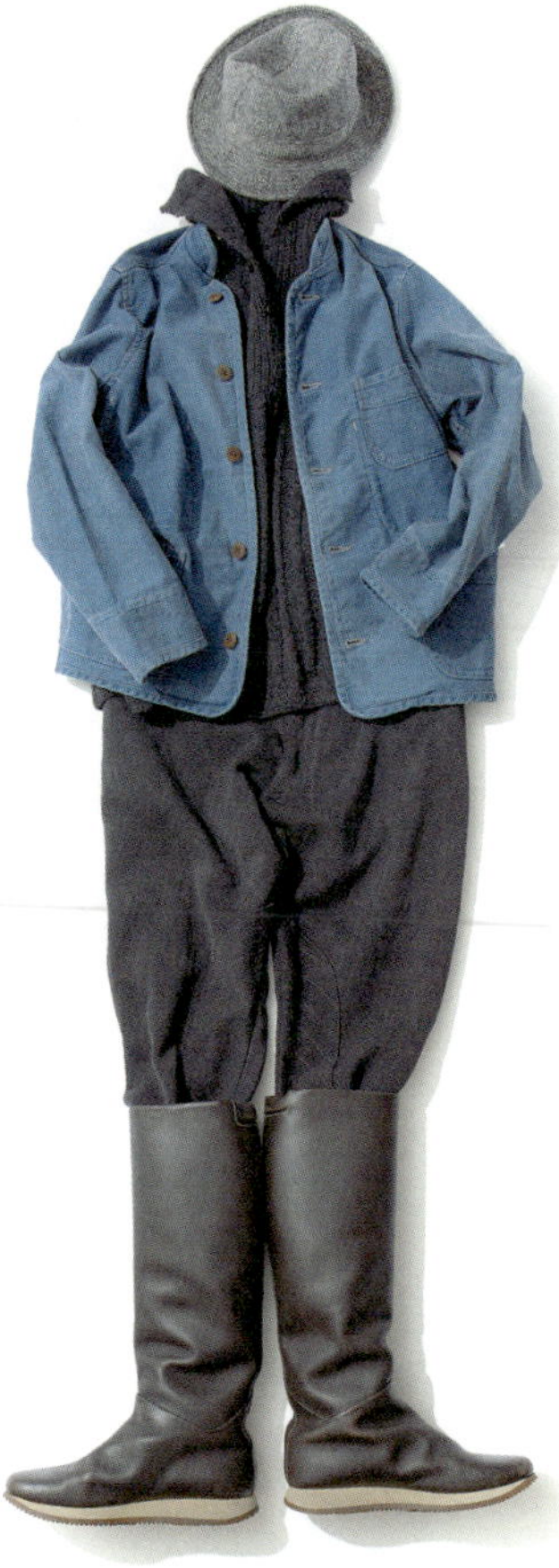

クールになりがちな黒の上下も、ざっくりしたニットの素材感と足元の茶のブーツでアウトドアテイストに。明るい色みのデニムジャケットでさわやかさをプラス。

ジャケット／45R
ニット／45R
ジョッパーズ／45R
帽子／ジェームスロック
ブーツ／エルメス

11/20 FRI

ボアジャケットはベルトでボリュームダウンして

12/7（P.017）と同じジャケットを、裏地のボアを表にしてデニムのジョッパーズと。袖は折り返して抜け感を。ボアのボリュームに合わせて足元をムートンブーツに。

ジャケット／45R
ジョッパーズ／45R
スカーフ／45R
ベルト／ヴィンテージ
ブーツ／シャネル

11/21 SAT

おじさん風コートで古着屋さんめぐり

軽やかなコットンツイードのコートは、ヘチマカラーがクラシカルな雰囲気。さらりとはおって、シャツのブルーと刺しゅう、ターコイズのアクセサリーを効かせます。

コート／45R
シャツ／45R
デニム／45R
ネックレス／ヴィンテージ
靴／シルヴァーノ・ラッタンツィ

11/22 SUN

インナーをオール白でエレガントに

白でまとめた装いに、前日と同じコートをはおってウエストマークすると、すっきりとした印象。11/3（P.234）と同じオフタートルで襟元に女性らしさを。

コート／45R
ニット／45R
ジョッパーズ／45R
ベルト／ヴィンテージ
ブーツ／ハンター

Note　コートは「撚り杢」といって、色の違う2本の糸を撚り合わせて織っているので、色合わせがしやすいんです。

11/23 MON

大胆なストライプ柄のポンチョを
ブランケットのように

11/24 TUE

ボア生地のコートなら
軽くて肩も凝りません

11/27 FRI

ブーツの色は
パーカのカーキに合わせて

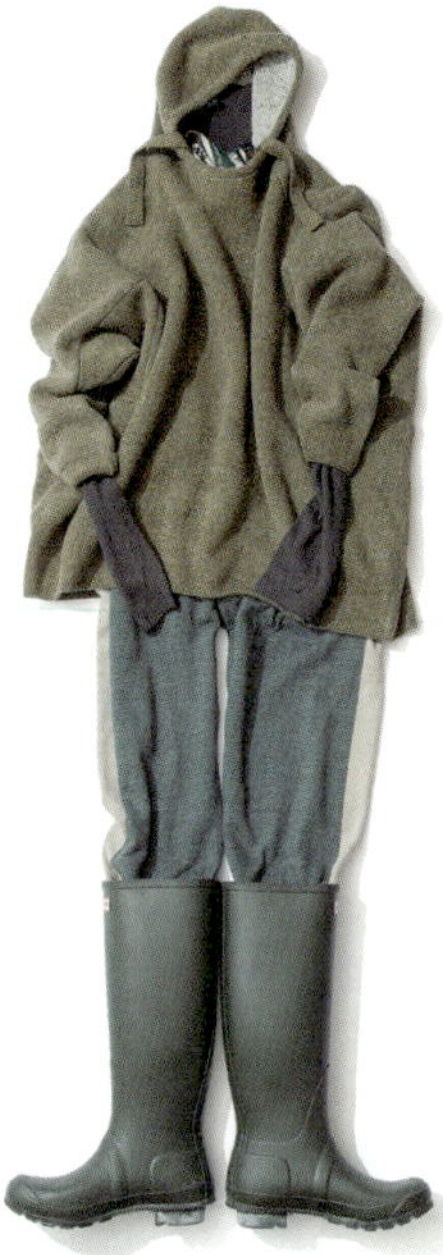

11/28 SAT

ざっくりとしたカウチンセーターは
ジョッパーズですっきり

11/ WED 25

光沢のあるコーデュロイパンツは
しなやかなジャケットで女性らしく

11/ THU 26

シェットランドニットの
ネックウォーマーと手袋でぬくぬく

11/ SUN 29

ユニセックスのオイルドジャケットは
あえてオーバーサイズで

11/23 MON, ストライプ柄のポンチョ、10/16（P.218）と同じジョッパーズ、「ハンター」のブーツは、それぞれ個性的ですが、すべて色がリンクしているので、まとまります。11/24 TUE, スウェットパンツとコートのボアがカジュアルな印象ですが、つやのあるサテンの裏地とシルクのスカーフで女らしさをプラスします。11/25 WED, ベルベットのような生地感がエレガントなコーデュロイパンツは、きちんと感がありながらストレッチ素材で動きやすいのもポイント。コットンツイードのジャケットをウエストマークしてクラシカルに。11/26 THU, ネイビーのグラデーションに黒のムートンブーツが効いています。ボアとのボリュームバランスもちょうどいい。11/27 FRI, シェットランドニットのパーカをコートがわりに。パーカの袖から下に重ねたタートルニットをのぞかせると、バランスよくまとまります。11/28 SAT, ハンドニットのカウチンセーターは、ボリュームがあるように見えますが、実際に着るとすっきりエレガントなシルエット。11/29 SUN, もともとは漁師の作業着だったオイルドジャケットは、襟元にあしらったデニム素材がアクセント。オーバーサイズで着ると、かえって女性らしさが際立ちます。

11/MON 30

会社のイベントは
動きやすくて品もあるカーキのニットで

お客様をお迎えするイベントの日は、目立ちすぎず、かといって地味すぎない、控えめでありながら華のあるスタイルを心がけます。カシミヤニットの襟元にスカーフをあしらい、シルバーのイヤリングでクールな輝きを加えます。

ニット／クリムゾン
エプロン／45R
帽子／パリで購入
サングラス／レイバン
イヤリング／ジョージ ジェンセン
スカーフ／45R

Note　日焼けは目から。秋の日差しも強いので、紫外線防止のためのサングラスは手放せません。

私の365日をつくるもの④

Past and Future

おしゃれの来し方行く末

デザイナーを生業として40年以上。井上さん自身にとって、服、そしておしゃれのこれまで、現在、そして未来とは？

1980年代半ばに当時「45rpm」のビッグトレーナーが大ブレイク。雑誌『mc Sister』『Olive』『anan』などで特集され、人気ブランドとしては7位、井上さんは人気デザイナーベスト30にもランクイン。ご自身も雑誌に登場していました。

服は着ている人の生き方を語るもの

繰り返しになりますが、Ｔシャツとデニムをいかに格好よく着こなすかということが私にとってのテーマであり、ブランドのテーマでもあります。Ｔシャツもファイブポケットのジーンズも、世界中の人が着ていて、形もほぼ同じ。そんな普遍的で何げない服だからこそ、どう着こなすかによって、その人らしさが出ます。

Ｔシャツとデニムにこの小物を合わせたらかわいい、格好いい、今年っぽいという感覚的なことも、もちろん大事です。服にはモードの側面もある以上、それは当然のこと。でも、それとは別に、服はその背景にある物語、着ている人の生き方、人生をも物語るもの。それは、哲学であり、アイデンティティであり、スタイルでもあります。そんなことを教えてくれたのが、先輩スタイリストやファッションフォトグラファーの方たちでした。

思えば、私の着こなしやデザインの原点にあるのは、『純愛日記』という１９７０年代のスウェーデン映画です。主人公の華奢な女の子がボーイフレンドのぶかぶかのＴシャツを一枚で着て、革ジャンをはおってバレエシューズを履いている。カジュアルなＴシャツなのに、かわいい女の子がお尻すれすれで着ているから色気があって。そこにハードな革ジャンの組み合わせというのが素敵だな、格好いいなと思ったことが、Ｔシャツとデニムに女性らしさをプラスするという私のテーマにつながっています。

私は、実際にパターンを引くことはできませんが、服はこう着たら格好いい、格好いい服はこうだということはわかります。それは、「格好いい服とはこういうもの」というのをずっとこの目で見てきて、それを覚えているから。何か変だと思ったら、それは実際変なんです。違和感は大事です。

格好いい服というのは、着るとすぐに形が決まります。誰が着ても格好よくなる。いい服というのはそういうものです。年齢を重ねたお母さんが着てもかわいいし、娘さんでもかわいい。そういう服を私も作りたいと思っています。

もちろん、若いころはそんなことは考えていませんでした。おしゃれは我慢。おしゃれには苦痛がつきものだと思っていましたから、格好よければ、多少硬くても重くても着ていました。ですが、今はそうではないですね。やはり着心地がよくてリラックスできるものでなければダメだと思います。ラクなもの、着やすいものがいい。服が人の心に及ぼす影響というのは、とても大きいと思いますから。

そう思うようになったのも、自分がある程度年齢を重ねてきたからですし、おしゃれの先輩にも教

**Ｔシャツとデニムに
女性らしさをプラスする。
それが私の永遠のテーマです**

年齢を重ねたからこそ吹っ切れておしゃれもより自由になりました

えられたからです。「スタンダードなものというのは、年をとっても着られるのよ。身幅やアームホールの取り方がちゃんと考えられているの。もうちょっと年齢を重ねて体型がくずれてきた人のことを考えて」と文筆家の清野恵里子さんにアドバイスされ、実際、リサーチしてみると、ハイブランドの服というのは、大人が着ることを考えて作られているんですね。見た目はシュッとしているけれど、いざ着ると動きやすくて着心地がいい。さすがです。そうした

1997年冬号から2003年冬号まで毎シーズン発行していた『45rpmの手帖』。単なるカタログではなく、井上さんのイラストや書き文字を使ってブランドの服づくりの哲学を伝えていて、「45R」の服と同様、温かみのある造り。

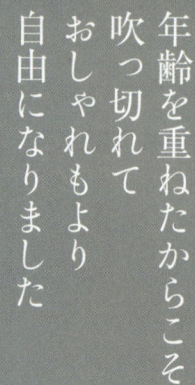

ものを見て、吸収しながら、積み重ねてきて今の私があります。

ずっと素敵でいたいから観察と研究を重ねます

いくら周りから元気だといわれても、やはり年をとったなと感じます。撮影のとき、腰に負担がかからないようにベルトを巻くので、それが影響しないふわっとしたワンピースを着ようと思ったりしますから。でも、やっぱり素敵でいたい。樹木希林さんのように年をとりたいと思っているので、周囲をすごく観察します。特に年配の方を見て、いろいろ研究しますね。おしゃれは観察と研究です。歌舞伎に行っては、後ろから、あ、あの人きれい、この人かわいいと（笑）。そうすると、素敵だなと思う年配のみなさんに共通する傾向に気づきます。

私のリサーチの結果では、髪を染めている人よりも、白髪だけれど短くこざっぱりとして、口紅を塗っている人のほうが素敵だという結論です。それで髪を切ったのが10年くらい前。ちょうどそのころ、あらためて着物を着始めて、「着物に失礼だから口紅くらい塗りなさい」と清野さんから諭され、赤い口紅を塗るようになったんです。それまで一切お化粧はしていなかったので、赤い口紅は自分には似合わないと思っていましたが、人のアドバイスには素直に耳を傾けます。それもおしゃれには必要なことです。

実際、口紅を塗ってみると、若いころは派手に思えた赤い口紅が、むしろ清潔感があってきちんと見えて、顔も華やかになるんです。おかげで、一時期黒をきつく感じて着ていなかったのが、また着られるようになりました。

さらにいいことは、口紅さえ塗っておけば、なんとなくきれいに見えるんです。老眼が進んで視界がぼやけていますから（笑）。眼鏡をせずに鏡を見たら、「私、きれい」とポジティブに思えますし、周囲の同世代からもその程度にしか見えていないと思えば、開き直れます。そんなふうに吹っ切れたのも、年齢を重ねたからこそ。

おしゃれに関しても、前回著書を出した4年前はもう少しストイックなところがありましたが、今はより自由になった気がします。本当に自分が好きな服を作り、自分が好きな服を着て、あと10年は頑張って働いて、その後は着付けやお茶を教えながら、楽しく暮らしていけたらいいなと思っています。これまで、周囲の憧れの先輩たちとお話をしながら、「私」をつくってきたと思うので、私がしていただいて嬉しかったことを、これからは年下の人たちにしていきたいと思います。

あと10年は働いて その後は着付けやお茶を教えながら 楽しく暮らしていけたら いいなと思っています

YASUMI INOUE

いのうえ・やすみ

1954年生まれ。日本国内で42店舗、海外でも17店舗を展開する、フォーティファイブアールピーエムスタジオ株式会社の副社長。1978年の「45rpm studio」立ち上げ当初より、現在の「45R」にいたるまでデザイナーを務める。『大人になったら、着たい服』（小社）で、デニムとTシャツを基本とした私服スタイルが紹介されると、格好いいのに女性らしいと大評判に。著書『井上保美さんのクロゼットから「45R」デザイナーに学ぶカジュアルなのに品のあるおしゃれの楽しみ方』（小社）も、発売されるやいなや、たちまち大増刷となり、今なお反響を呼んでいる。

フォーティファイブアールピーエムスタジオ
Tel: 0800-800-9945
www.45r.jp

＊本書に掲載されている「45R」の服や小物に関するお問い合わせは、フォーティファイブアールピーエムスタジオ（Tel: 0800-800-9945）へお願いいたします。現在は入手できないものや仕様が変更されているものもありますので、何卒ご了承くださいますようお願いいたします。

＊「45R」以外の服や小物は、すべて井上保美さんの私物です。現在は取り扱われていないものがほとんどですので、各ブランドおよびフォーティファイブアールピーエムスタジオへのお問い合わせはご遠慮くださいますようお願いいたします。

＊本書には「45R」ウェブサイトのコーディネートコラム「ヤスミネイト」で使用した写真を一部再掲載しております。

＊編集部にお送りいただいた個人情報は、今後の編集企画の参考にのみ使用し、ほかの目的には使用いたしません。詳しくは当社のプライバシーポリシー（http://www.shufu.co.jp/ privacy）をご覧ください。

Staff

撮影
回里純子

構成・取材
和田紀子

デザイン
榧野幸子

着付け
秋月洋子

撮影協力
花長

制作協力
楠 淳［45rpm studio co., ltd.］
田中千得里［45rpm studio co., ltd.］

校閲
小川かつ子

編集
伊藤亜希子

編集アシスタント
北澤知佳子

井上保美さんの
365日
着こなし見本帖

著者　井上保美
編集人　森 水穂
発行人　倉次辰男
発行所　株式会社 主婦と生活社
〒104-8357　東京都中央区京橋3-5-7
編集部　Tel: 03-3563-5191
販売部　Tel: 03-3563-5121
生産部　Tel: 03-3563-5125
http://www.shufu.co.jp/
製版所　東京カラーフォト・プロセス株式会社
印刷所　凸版印刷株式会社
製本所　株式会社若林製本工場

ISBN978-4-391-15334-7

十分に注意しながら造本しておりますが、万一、乱丁、落丁の場合は、お買い求めになった書店か小社生産部へご連絡ください。お取り替えいたします。

Epilogue

スタンダードな服と
これからも自由に遊びたい

ファッションの世界は、次々に新しい流行が生まれては消えていきます。私もデザイナーである以上、〝旬〟を意識する立場ですが、1年分のコーディネートを振り返り、自分の原点を再確認できた気がします。そして、スタンダードの底力をあらためて感じました。しっかりと作られたスタンダードな服さえあれば、白いスケッチブックに絵を描くように、スカーフなどの小物で彩りを加えていくだけで、着こなしに広がりが生まれます。普遍的なアイテムだからこそ、無限の可能性があるのです。

3年前、サンフランシスコのショップでスウィングトップを見たとき、とても新鮮に映りました。何を合わせたらかわいいだろう？ と。もっとスタンダードを知りたいし、遊びたい——年齢も知識も重ねるほどに自由になれるのだと、この先の365日にもワクワクしています。